考えない病

危機管理の視点からみた日本人の劣化の根源

元衆議院議員・千葉科学大学教授
東祥三
Shozo Azuma

文芸社

はじめに――人は考える生き物である

僕は二〇一五年四月から、大学で教鞭を執っている。

その大学は日本で初めて、というより、アジアで初めて危機管理学を中心にしたカリキュラムを組んでいる。現理事長が「九・一一」の同時多発テロをアメリカで目撃。日本でも自然災害のみならず、人為的災害を含む総合的な危機管理（クライシス・マネージメント）の必要性を直覚して、二〇〇四年に設立された大学だ。

この大学には、自治体や企業の危機管理官はもちろん、自衛官や警察官、消防官になりたい、救急救命士という非常事態の最前線の現場で働きたいという若者がやってくる。また、危機管理学部のほかに薬学部と看護学部が併設されているが、人間の命、健康に関わりたいと考えている学生にあふれている。

他人が困っていようが、苦しんでいようが、それは他人事。我関せずの風潮が支配する今日、純粋に「将来は人を助ける仕事に就きたい」といった想いにあふれている若者たちに出会えて、僕は何とも言えない感動を覚えた。

しかしながら、大学教授になって学生と接してみて、一つ分かったことがある。

それはとても残念なことだが、学生たちが自分自身の頭を使って積極的に考えようとしないことだ。ひょっとして、これは僕が教えている大学の学生だけなのかと思って、超有名大学で教鞭を執っている知人に聞いたところ、「同感だ」と言われた。

彼（彼女）らは自分の頭で考えることなく、何でもすぐに答えを求めたがる。

「おい君、これ、どう思う？」

「分かりません！」

講義中に僕がそう聞くと、大して考えもせず、開き直ったように降参してくる。

少しくらい自分で考えてくれよ……さすがの僕もそう言いたくなる。

近年、スマートフォンの普及で、何でも手軽に調べ物ができるようになった。少し前まではパソコンを手軽に利用できるようになってありがたがっていたものだが、今ではパソコンすら必要なく、手のひらサイズのテレビ・カメラ付きのスマホでパソコンの代替ができるようになった。

それはまるで自分の脳の機能の一部をスマホに移植したようなものかもしれない。

仕事やプライベートのスケジュール管理から、電車の時刻表、美味しいレストランやお洒落なバーの情報、大学生なら講義の予定や休講のお知らせまで、自分で調べ、記憶しておく必要がなくなった。スマホのアプリを使えば何でもすぐに分かってしまうのだ。

しかし……だ。次のように考えるのは間違いだろうか。

それは本来脳がやっていた作業をスマホに任せているだけのことだ。人が行うべき作業がスマホでできてしまうため、人間の脳の作業領域は小さくなってしまったのではないか。脳の作業領域を使わなくなったことで、脳が退化したと言い換えてもいい。

つまり、彼らの思考回路から、疑問、考査、結論のサイクルが欠落してしまっている。

彼らはすぐに答えを欲しがるが、大事なことは答えを得ることではなくて、その過程、つまり、考えることなのだ。黙って深く考えるという意味の「沈思黙考」という言葉もある。沈思黙考しろとまではいわないが、考え続けることは重要なのだ。しかし、残念なことに、〝考える〟ということを今日まで教えてもらってこなかったようだ。

「考えるってどういうことだろう」

そう聞くと、もちろん誰も答えられない。

江戸時代の医師で国学者・文献学者の本居宣長は、『源氏物語』に滔々と流れる「もののあはれ」という日本特有の情緒を重んじ、太古から日本人の中に脈々と受け継がれている自然情緒や精神を尊んでいた。

その本居宣長は、〝考える〟の語源は〝かむかふ〟であると言っている。

もともとは〝むかへる〟という語源であり、〝かれとこれとをアヒムカへて（相向かいて）思いめぐらす〟という意味だ。「二〇世紀の知的巨人」と言われた小林秀雄は、この本居宣長の〝考える〟の意味を次のように言っている。

「物に対する単に知的働きではなく、物と親身に交わることだ。物を外から知るのではなく、物を身に感じて生きる、そういう経験」であると。

つまり、〝考える〟ということは、自分が当事者意識を持って対象としっかり交わらないといけないのだ。それを教え、育むのが「教育」というものではないか。

しかし、当事者意識などどこ吹く風で、対象と交わることもしない。

戦後の教育は単なる〝詰め込み教育〟であり、数年前まではその詰め込む知識までいい加減になっていた。教育とは本来、社会に出たときに役立つ基礎知識と判断力、実践力を身に付けることのはずだが、それができていないから、ありのままを受け入れて自分で考えることをしない、それで良しとして安心してしまう。

大事なことは自分で考えることだ。そのためには情報収集し、自分の頭で考えて判断し、自分なりの結論を出す……それが人間というものだ。

僕は学生についてだけ述べているのではない。学生が考えなくなっているということは、その親の世代もそうなっている。つまり、日本人の大半が自分の頭で考えなくなっているということだ。

こういう状況が今後とも続けば、どうなるのだろうか。想像するだけでも恐ろしくなる。今からでもしっかり自分の頭で考えるようにしたい。マスコミや世間の言うことを鵜呑みにせず、日本と日本人をめぐる現状をしっかりと認識し、どこがダメで、どうしたら良くなるのかを考えなければならない。

一人ひとりの意識がそうやって変わっていくことが、この国を変える第一歩になると僕は思う。

目次

第二章　危機と向き合えない日本人
――安全な社会が日本人を堕落させる

第三章　日本人はなぜ危機に鈍感なのか？
――戦後七〇年で日本人の資質は劣化した

第四章　日本社会に根付く甘えの構造
——不祥事に明け暮れる日本の企業社会

第五章　無責任きわまる日本のマスメディア
——〝百家騒乱〟のメディアを信用してはいけない

第一章　君は自分を守ることができるか？

——日本人よ、脳死状態から脱せよ！

あなたの隣に危機は存在している

◆日本は今、危機に囲まれている

「今の日本が平和だと思うか?」

そう聞かれたとき、「イエス」と答える日本人がほとんどだろう。先の世界大戦から七〇年もの年月が経って、その間、一度も戦争をしなかった。だから、日本は平和である。きっとそう考えているに違いない。

「ノー」と答えるのは単なるひねくれ者……イエス派のあなたはそう思うことだろう。

でも、ちょっと待ってくれ。日本とその周囲に、危機が近くまで押し寄せていることに気づいているだろうか?

テロリズム、殺人、交通事故、差別、虐待、伝染病、地震、火山の噴火、天候不順、物価上昇、財政危機、尖閣諸島、竹島問題、北朝鮮、中韓問題、外交問題……ありとあらゆる危機が新聞紙上を日々騒がせている。

日本の現状を真剣に憂慮している人間であれば、先の質問に「ノー」と答えるはずだ。

戦後七〇年、日本が完全無欠の平和だった日はあるのか?

おそらくない。あったとしても、ほんの数日だ。それが悲しいことに歴史の事実なのだ。日本人は現実から目を背けているか、見えているのに考えようとしないかのどちらかだ。僕はそれが非常に残念だ。

多くの日本人が考える近年の日本で一番の危機。それは二万二〇〇〇人を超える死傷者を出した二〇一一年三月一一日の東日本大震災だ。

未曾有の大惨事と言われた東日本大震災から五年が経とうとしている。今もつらい思いをされている被災地の方は別として、多くの日本人の中で、震災の記憶は風化しつつある。「復興！復興！」と盛り上がっていたあの熱い日々はもうない。

巨大地震とその後の津波、そして原子力発電所の爆発という二重、三重の不測の事態を徹底検証し、次代に生かそうという声も聞かれなくなった。それが日本の現実だ。

職場と家の往復の毎日で、新聞は経済欄とスポーツ欄だけしか読まず、テレビのバラエティー番組を見る程度では日本は平和に映るかもしれない。しかし、現代日本はつねに危機と背中合わせなのだ。日本が平和だと思っているのは、平和ボケした日本人の戯言だ。

平和ボケした日本人一億二〇〇〇万人の目を覚まさなければ、死んでも死にきれない。

それが東祥三の覚悟だ。そういう意気込みで、僕は過去に『サムライ国家へ！』（ＰＨＰ研究所刊）、『日本ただいま脳死状態　されど望みは捨てず』（高木書房刊）といった著作を世に問うてきた。いかに多くの日本人が今そこにある危機を見ようともせず、思考停止状態に陥っているかを嘆き、一刻も早く思考をフル稼働させるべきだと訴えてきた。

しかし、残念なことに、その思考停止状態はまだ続いている。なぜだろうか？

日本は七〇年前、アメリカと戦ったことを最後に、その後、戦争の残酷さ、悲惨さから解放された。そして、アメリカの安全保障上の庇護の下、なんとか生き延びる方法を見出し、国民は豊かになった。にもかかわらず、今日の日本は第一次世界大戦後のイギリスのようになっていないか。反戦ムードが国中を支配し、気が付いたときにはナチスを率いるアドルフ・ヒトラーの台頭を許していた、あの状況に――。

自問自答が必要だ。

戦後の冷戦構造下や冷戦構造が崩壊したあとの目まぐるしい世界の地殻変動に、欧米の主要諸国が果たしてきた国際社会の一員としての責任と義務を、日本は同じように負ってきたのだろうか？――と。

◆現状維持が大好きな日本人

この原稿を書いている二〇一五年冬、安全保障関連法案が国会で可決された。そこに至るまでの、自民党の安倍晋三首相の奮闘ぶりは目を見張るものがあった。その姿を僕はテレビ等で見ながら、心の中で拍手を送って応援していた。

しかし、マスコミの報道によれば、集団的自衛権の行使が日本国憲法の第九条に抵触しているとして、反対している人間が多かったらしい。

少なくとも僕の周囲にはいないのだが、なぜかマスコミは反対が多いと喧伝し、同年九月一六日の国会内での臨時会合における岡田克也民主党代表の発言によれば、八割の日本人、つまり一億人が反対していたそうだ。

この状況は、戦後何度も見ている光景だ。日米安保条約改正のとき、国連平和維持活動に参加するとき、イラクに自衛隊が派遣されるとき、インド洋で海上自衛隊による米軍艦船への給油活動を行うときなどがそれだ。

そうしたノイズはさておき、現憲法は基本的に改正されるべきだと考えている。その理由の一つが、現憲法には法文上、どこを探しても自衛権の文字を見出すことができないからだ。

同様に、他国、あるいは外国の集団・組織から日本の平和、つまり私たちの安全と生存が脅かされる、あるいは脅かされる可能性に対して国としてどのように対応するかについてもどこにも書かれていない。

憲法の前文には「日本国憲法は（中略）平和を愛する諸国民の公正と信義に信頼して、われらの安全と生存を保持しようと決意した」と書かれているのみだ。

多くの日本人は、観念的に「日本国憲法」を盾に、今ある平和がそのまま続けばいいと考えている。それも、何も手を加えず、ただただ今の平和が続けばいいというわけだ。だから、〝平和憲法〟なのだろう。まさに「現状維持」の発想である。しかし、それは冒頭で述べたように、かりそめの平和だ。

現状維持……これは日本人の好きな言葉だ。

変化を嫌う日本人を象徴している言葉でもある。周りがどう動こうが、脅威があろうがなかろうが、自分は関係ない。自分の周囲わずか数キロの狭い世界が幸せならいいというのなら、これはまさに無責任な脳死状態と言うほかない。江戸時代のように鎖国しているなら別だが、現実を無視した、そんな利己主義が許されるはずがない。

許されるはずがないと、僕は思うのだけれど、このことが理解されないとすれば、日本人は精神的な鎖国状態になっているのかもしれない。

◆日本人よ、脳死状態から目覚めよ

もう一つ、日本人と切っても切れない言葉がある。それが「他力本願」だ。他力本願の本来の意味は、自分自身でやらなければならないと思ったことは最後までやり抜き、その結果に対しては、甘んじて自ら受け入れるということだと思う。

が、それが今では、自分自身の努力なしで、すべてを他人に任せてしまう、他の力に依存するという意味になってしまっている。何か事が起きたとき、誰かが助けに来てくれるだろうという考え方だ。これは無責任な考え方ではないか。

第二次世界大戦以前に外務大臣を務め、戦後は総理大臣となった幣原《しではら》喜《き》重郎《じゅうろう》は憲法九条の成立に影響を与えたとされる。その幣原はこう言っている。

「侵略から救う自衛施設は、徹頭徹尾正義の力である。我々が正義の大道を邁進するなら『祈らぬとても神や守らん』である」

つまり、正義を貫いていれば、きっと神様が助けてくれるに違いないといった考え方だ。これはおそらく、菅原道真の和歌「心だに誠の道にかなひなば　祈らずとても神や守らん」を引用してのことだと思う。個人が誠、つまり誠実さを貫けば、神様が助けてくれるといった考え方は否定しない。しかし、国際関係においてはこうした理想論は願望に過ぎず、成立することは決してない。

二〇一五年夏、僕はアメリカの二つの大学に研修に行った。その際、インドのある学者と出会ったので、僕はこんな質問をしてみた。

「インドが、ガンジーの非暴力主義を捨てた契機は何ですか？」

すると、彼はこう答えた。

「一九六一年に中国が侵入してきたからです。非暴力主義は国内では通用したかもしれませんが、国外に対しては通用しません。だから、転換したのです」

明解だ。マハトマ・ガンジーの非暴力主義は確かに素晴らしい。イギリスからあれだけ迫害されながら、それでも屈しなかったガンジーは聖人だ。しかし、そうした信念をも踏みにじる暴力が世界には存在しているのだ。

現在のインドは世界で六番目の核保有国であり、世界第四位の軍事大国でもある。

◆誰もが他力本願の日本人

幣原喜重郎の言葉などは、まさに他力本願の最たるものではないか。

突如として出現した魔の手が日本を蹂躙したとき、自分は決して立ち向かわず、助っ人が現れて魔の手を排除してくれるのを待つ。映画やドラマの世界なら、スーパーマンのようなヒーローが助けてくれるかもしれないが、現実社会ではそうはいかない。

いつから日本人は現状維持で他力本願の脳死状態になってしまったのか。

それがより顕著になったのは戦後であることは間違いない。日本が戦争に負けて、アメリカの占領期間中に日本の新しい憲法が生まれ、そこにはいかなる軍隊も持たないと書かれていた。当時の日本人は、あの共産党でさえ、軍隊なくしてどうやって国を守るのかと非難し、喧々諤々《けんけんがくがく》真剣に憂慮したものだ。

その後、日米の間で安全保障条約が締結された。いざとなればアメリカの第七艦隊が守ってくれることになり、日本はアメリカの核の傘の下で安寧を享受してきた。そのため日本人の精神には、いざというときはアメリカが守ってくれるという考え方がしみついた。

日本人は『ドラえもん』が大好きだが、『ドラえもん』の世界は、現状維持と他力本願の世界そのものだ。のび太は毎度毎度、困難に陥るが、ドラえもんに泣きつけば、いつもドラえもんが秘密のアイテムを出して解決してくれる。逆に考えれば、ドラえもんがいつも助けてくれるから、のび太はトラブルに鈍感になってしまうのだ。そんなのび太は日本人の象徴だ。

いつのまにか日本人は平和を破壊する問題、危機に鈍感になり、危機について自ら深く考えることをしなくなってしまった。この問題は、今一度よく考える必要がある。

広く世界を見渡せば、自然災害以外にも日本をめぐる危機的状況は山積している。

アメリカの栄華こそかつての勢いはなくなりつつあるが、アジアでは北朝鮮の脅威は持続し、チャイナパワーは日本人の論理とは違う形で、自分たちの国益のために突き進んでいる。一方のヨーロッパではギリシャの経済危機を機にＥＵ（欧州連合）の結束力に亀裂が生じ、さらにはシリアやイラク、アフガニスタンなどの紛争地から大挙してやってくる難民が大きな問題となっている。

中東やアフリカに目をやれば、難民問題の原因の一つであるシリアの内戦は治まる気配もなく、イスラム国（ＩＳＩＬ）などテロの脅威も増大している。

本書を執筆中の二〇一五年一一月一三日には、フランスの首都パリの各所がイスラム国のテロリストの襲撃に遭い、一三〇人もの死者を出す悲惨な事件が起きた。さらには、イスラム国に対して米仏露は徹底的な空爆を行っている。

気の早い話だが、後世の歴史家は、二一世紀を九・一一の米国同時多発テロによって始まった〝テロの世紀〟と名付けるかもしれない。

今日と同じ世界が明日は続いていても、五年後、一〇年後、二〇年後が同じ世界であるとは限らない。だからこそ、日本人は一刻も早く脳死状態から目覚めなければならない。自立のタイムリミットはすぐそこに迫っているのだ。

自立するためには、身近に存在しているさまざまな危機の到来を想定し、その種類と規模を見極め、徹底分析し、現代国家として対処しなければならない。それが今の日本に求められている。そのためにはまず、現状維持と他力本願とは縁を切ることだ。

それだけではない。今の日本は由々しき事態にある。脳死状態の日本は危機を危機と感じ取れない。危機の管理・対処法を考える以前に、危機を見極めることすらできていない。

なぜ日本人は危機を認識できないのか

◆戦後七〇年で劣化した日本人の資質

なぜ、現代の日本人は目の前に山積している危機を認識できないのか?

その理由は簡単だ。日本人の資質が劣化したからだ。戦後七〇年が経って、現代を生きる日本人の資質は極端に劣化した——それが僕の意見だ。

しかも、人としての資質が劣化しただけではない。生物そのものとしての質、あるいは生きるために必要な〝勘〟が劣化している。僕にはそう思えて仕方がない。

勘とは、「勘がいい」「勘が悪い」というときの〝勘〟だ。危険を察する能力と言い換えてもいいだろう。日本人は戦後七〇年の安寧に甘え過ぎて、あるいは慣れてしまって、危険を察する能力が衰えたのだ。これは大問題である。大問題なのだが、気づいている人間は少ない。いや、実際は多くの人が気づいているが、声を上げる人はいないのかもしれない。

しかも、この十数年でインターネット、メール、スマホなどコミュニケーション機器、およびそのソフト技術が飛躍的に発達した。そのお陰で、人は直接会って言葉を交わさなくてもよいと思うようになっているのではないか。

それが何を意味するか分かるだろうか？

誰もが人と会ったときには相手の様子をうかがうものだ。しかし、それがなくなれば、人と会ったときの印象や雰囲気、顔の表情や言葉のイントネーションで、相手の気持ちを〝察する〟ことができなくなるのは当然だ。

昔、と言っても相当昔のことだが、優れた武士は実際に剣を交えなくとも、相手をひと目見ただけでその力量を察することができたといわれる。現代だって、ビジネスやスポーツ、あるいは恋愛などにおいて相手を察することは非常に重要だ。

しかし、現代の日本人は相手を察する能力が極端に落ちている。初めて会った人でも誰彼なしに受け入れるか、あるいはすべての人を拒否するか、その二択しかない。そうした状況では、人としての感性、感覚が磨かれていくはずがない。

生物として劣化した日本人を前に、危機管理、危機管理と言ってものれんに腕押しだ。危機とは何か？　果たして日本人に危機の何が分かるのか？

僕はそう声を大にして言いたくなる。

しかし、日本人が戦後七〇年の間に失った資質を取り戻すにはまだまだ遅くない。今からでも遅くないのだから、もう一度日本人らしさを取り戻そうじゃないか。それが本書の大事なテーマでもある。


僕はこう考えている——。

次世代、次々世代の日本人が背筋をピンと伸ばし、世界中の国から尊敬のまなざしで見られるようになってほしい。日本人が世界中から賞賛され、日本人自身も誇らしく生きていくための近道……それは、本来の日本人らしさを取り戻すことだと僕は考えている。

戦国時代、幕末、明治から昭和初期まで、日本人は周囲の顔色をうかがって行動するような卑屈な人間ではなかったはずだ。日清、日露と二つの戦争に勝利を収めた日本は世界中から賞賛され、また、明治の日本人は背筋をピンと伸ばして誇り高く生きてきた。外国の人間にも臆することなく、対等の意識で接していたに違いない。

ところが今の日本人はいつも背中を丸めて小さくなり、周囲をキョロキョロ見回してばかり。それではまるで挙動不審の犯罪者ではないか。

近年、否定的な意味ではなく、肯定的な意味で「空気を読む」という言葉をよく聞く。つねに周囲に目配りを利かせ、その場の空気に沿わないと思ったら、自分が言いたいことも飲み込んでしまうことを指す。こうした態度は、本来、否定されるべきものだが、逆に推奨されるようになってしまった。それが今の日本人の姿だ。

本当に情けない。なぜ自分の意見をしっかり言ってはいけないのか？　いつ、いかなるときも自分の意見を飲み込んでばかりいたら、自分の意見はいつしかなくなってしまう。

織田信長、吉田松陰、勝海舟、西郷隆盛、乃木希典、山本五十六……彼らは自らの〝直感知〟を拠りどころとして、信念に従って生き、自分の意見を主張してきた。そして、それに基づき行動してきた。日本人の精神の奥深いところには、そうした直感知を信じる力がまだまだ残っていると信じたい。

直感知を取り戻すことができれば、日本人の再生ができるはず――僕はそう思う。

◆日本人はいつから烏合の衆になった？

僕が思うに、戦後の日本人は〝烏合の衆〟だ。個人が存在しない烏合の衆だ。

では、日本人は果たしていつから烏合の衆になったのか？　それは後ほど説明させていただくが、少なくとも、僕が物心ついたときには日本人は烏合の衆になっていた。

僕はそんな日本が嫌で、若い頃から日本を飛び出してスペインやメキシコに留学し、その後、難民問題を扱う国連難民高等弁務官事務所（ＵＮＨＣＲ）で働くようになった。そして、日本に帰ってきたある日、テレビからこんな川柳が聞こえてきた。これを聞いたとき、僕は現代日本人の本質をよく見抜いているなと感心したものだ。

「赤信号　みんなで渡れば　こわくない」

これはかつて日本中を席巻したお笑いコンビ「ツービート」のビートたけし氏が作った言葉、川柳だ。日本に漫才ブームと呼ばれる嵐が吹き荒れた一九八〇年代、彼は漫才の中でふざけながらこう言った。

信号が赤で、左右を見渡しても車が全然来ないのに、誰一人として渡ることなく信号が青になるまで待っている、それが日本人だ。ルールに従うように躾けられているからなのか、それとも臆病だからなのかはよく分からない。その一方で、みんなと一緒なら赤信号でも渡ってしまう厚顔無恥さも兼ね備えている。それは日本人の特質だ。

ビートたけし氏が漫才の中で披露したこの川柳は、社会風刺、日本人風刺としても超一流のセンスにあふれていた。ビートたけし氏が不世出の天才たるゆえんである。

一人では何もできないくせに、集団になると怖いものなしになる日本人。それを単なる集団心理と呼ぶのは簡単だが、日本人の集団心理が向かうのはたいてい小さなことだ。権力に牙をむくような暴動などは起きない。せいぜい警察に守られたデモ程度だ。ビートたけし氏の川柳は、日本人の教養のなさ、品格の下劣さ、気の小ささ、そういうものを見事なまでに言い表している。こうした日本人的集団心理の特質は、明らかに狩猟民族の資質ではなく、農耕民族の資質である。

僕自身は赤信号でも、左右を見て車が来なければササッと小走りに渡ってしまう。大事なのは身の安全だ。それが確認できれば無駄な時間を浪費することはない。それが自己責任であり、危機管理の初歩だ。そして、そのとき、突然、自動車が出てきてひき殺されても、それは僕の責任だ。

でも、面白いのはここから先だ。僕が赤でも渡り始めるとどうなるか？　待っていた人たちは僕に釣られて次々と渡り始めるのだ。これがまさにビートたけし氏の言う「赤信号　みんなで渡れば　こわくない」である。

しかし、先を行く人間のあとをついていくのはいいが、ただ追随するだけではいけない。自分の目で確認することなく渡り始めれば、そこは公道なのだから左右から車が迫って来る。そして、車にクラクションを鳴らされて、慌てて走り始めたり、あるいは元いた側に戻ったりする。滑稽な光景だが、これこそまさに烏合の衆そのもの。大事なことは自分で判断することだ。

自分で判断することなく、誰かのあとをついて行く――その姿はまるでアメリカに追随する日本だ。世界から見れば、日本人はまさに今、アメリカの庇護下で限られた自由を謳歌している烏合の衆だ。あるいは平和ボケした鳩かもしれない。

◆タカのように大空を飛び回れ!

先ほど、日本の現状は『ドラえもん』の世界そっくりだと述べたが、ある意味で日本は、まるでジャイアンにいつも一歩下がってついていくスネ夫ではないか。ジャイアンの機嫌を取っているお金持ちの子ども。まさに日本そのものだ。

ドラえもんとのび太の関係がアメリカと日本の関係にオーバーラップすると同時に、ジャイアンとスネ夫の関係もアメリカと日本の関係を比喩しているとするならば、漫画家、藤子・F・不二雄氏の慧眼には感服するばかりである。

のび太、あるいはスネ夫からの脱却……それが今の日本に課せられている大きなテーマだ。よく、「ハト派」「タカ派」という呼び方があるが、僕はいつも「タカ派」と言われる。反論する気はない。タカで結構だ。欲を言えばワシ、イヌワシ(日本の天然記念物で絶滅危惧種)のイメージが好みだが、つねに群れることなく、ただ一羽でも広い大空を高く、高く飛び回りたいものだと考えている。

そう思っているのは僕だけじゃないはずだ。

天気のいい日に大空を舞う一羽の鳥を見つけたら、自分も真っ青な空を豪快に飛び回りたい、山々の向こうまで飛んでいきたい……そう思う人は多いはずだ。僕はハトに恨みはないが、ハトとタカ（ワシ）のどちらになりたいかと聞かれたら、駅や公園をうろうろして食べ物をあさっているハトより、大空を自由に飛ぶタカ（ワシ）になりたい人が大多数なのではないか。

そんな願望は、人の心の中に潜む気高い精神の現れだ。

本書は、そうした日本人の心の中に残る気高い精神を取り戻して欲しいと思って書いている。第二次世界大戦に負けたからといって、いつまでも卑屈な精神のままでいることはない。いい加減、日本人としての誇りを取り戻すタイミングだ。

日本人が誇りを取り戻すタイミングがこれ以上遅れたら、永久に取り戻す機会がなくなってしまうかもしれない。そんなことになったらどうなるか？　日本が世界地図から消えることだってあり得ない話ではない。

それがいいのか悪いのか、日本は太平洋の西端に浮かぶ細長い島国である。陸地の境目と国境がほぼ一致している（正確には周辺一二海里、約二二キロメートルまでが日本領だが）。そのため、日本人は日本が消えることはないと思っている。しかし、中東やアフリカを見てみれば、国境が消えたり、国境線が変わったりするのはよくあることだ。

しかし、二一世紀に入った今、国境紛争は対岸の火事ではない。現実に、中国は日中の国境線を変えようと虎視眈々と狙っている。

実際、中国は第二次世界大戦以降も領土拡大の野心を隠そうとしていない。

朝鮮動乱で世界が騒然としているのに乗じて、一九五〇年にはチベット自治区に侵攻している。また、一九七四年には当時の南ベトナムが領有していたパラセル諸島（西沙諸島）を軍事力で奪い、一九九五年にはフィリピンが領有権を主張していたスプラトリー諸島（南沙諸島）に海軍艦艇を派遣して占領した。さらに、二〇〇六年のブータン政府の発表によると、中国と国境を接するブータン北西部は人民解放軍の侵入によって、国土の一部を奪われたという。新しいところでは、前述したスプラトリー諸島のスビ礁を埋め立て、人工島を建設している。この人工島から一二海里以内が領土だと、中国は主張したいのだ。

中国の侵略行動はこれらだけではないというのが歴史の事実であり、そもそも中国共産党は、一九世紀に起きたアヘン戦争以前の清朝最盛期の領土復活を狙っているのだ。

僕はタカ派ではあるが、同時に平和主義者でもある。僕の主張はすべて、平和を一日でも長く維持するために必要なことだと思ってほしい。その点だけは理解してほしい。ただし、現状の平和を維持するためには戦うことも必要なのだ。そのためには、準備をしておかなければならない。

それが、僕が長らく国連で世界の現状を目にしてきて分かったことだ。

そういう意味では、消極的な平和主義者ではなく、積極的平和主義者と言える。平和に甘えるのではなく、本当の平和を実現するために、平和を勝ち取り、勝ち取った平和を維持し続けることを望んでいる。

そして、一刻も早く、日本人が日本人らしさを取り戻し、世界に誇れる民族として自立して欲しい。では、日本人が再びオオワシのように飛び回るためにはどうしたらいいか？

それは、これから本書で、僕なりに考えた、日本人らしい気高さを取り戻すための処方箋をつづっていく。

ここからは僕の専門分野である危機管理対応の定石に従い、情報収集、分析、判断、対応といった形で、「日本人がこれからどうしていけばいいのか？」「本当の日本人らしい生き方とは何か？」について述べる。

まずは、情報収集、つまり、日本人の今を分析することから始める——。

想像力をなくしてしまった日本人

◆「恋と戦争にはルールがない」

僕はよく、大学で学生たちにこんな言葉を教えている。

「『恋と戦争にはルールがない（All is fair in love and war）』って知っているかい？」

これは一六世紀イギリスの作家で詩人のジョン・リリーの作品『ユーフュイーズ（Euphues）』に登場する言葉を原典とする、英語の格言だ。

恋と戦争では何でも正しい、つまり、勝利をもぎ取るためなら、恋と戦争にルールはないという極めて深い意味のこもった言葉だ。

新しい恋人を獲得する、あるいは今の恋人を守る、さらには国を守る。いずれも人間にとって大事なことである。それは言い換えれば、種の存続、国家の存続のために一番大事なことだ。恋に勝たなければ新しい子孫は生まれないし、戦争に勝たなければ種族は滅ぼされてしまう。

極論すれば、恋と戦争は、人間の〝生存本能〟が試される機会なのだ。

「無手勝流」という言葉もあるように、恋も戦争も勝つためには何をしてもいいわけだ。何をしてもいいといっても、無策ではいけないし、無駄なことをしていては恋も戦争も勝利を収めることはできない。

しっかりと策を練って事にあたる……それが勝つための近道だ。

とくに戦争では失策は死に通じ、最終的には国家の消失にも通じる。

僕自身は戦争を経験したことはないが、戦争では自分たちが生き延びていくために、ありとあらゆる知能を駆使しなければならないことは理解できる。

一方で、恋では死ぬようなことはないが、好きな彼女に振られたり、恋人に捨てられたりしたら、しばらくの間は死んだような気持ちになるものだ。

しかし、今の若い男性は「草食系」などと呼ばれて、色恋にあまり熱心ではなく、あまり女性を口説かないらしい。

これは生物学的に見ても日本人が劣化してきていることの証拠になるのではないかと思う。つまり、草食系の代表格であるゴリラのシルバーバック（成熟した牡のゴリラの背中の毛が灰色になった状態）と比べてみれば、草食系日本男子のひ弱さは明らかだ。

はるか昔、僕が初めてデートをしたときはものすごく勉強したものだ。いろいろな本を読んで、「会ったときに何を話したらいいんだろう？」「話が途切れたら次はどうしたらいいのか？」と必死になって考えた。今はそんなことすら考えないようだ。

「君たちは好きな人とデートしたいと思ったら、何をするの？」

そう聞くと、みんなポカンとしている。

話を聞いてみると、メールやＬＩＮＥ（ライン）と呼ばれるスマホのコミュニケーション・アプリで済ませるという。出会った人のことを「素敵だな」「付き合いたいな」と思っても、脈がなければすぐにあきらめて、別の人を探すという。

あの人に告白したいから、告白するまでにこうしよう、ああしようとか、何とか自分に気持ちを向けさせようとして頭をひねるようなことはしないようだ。

「もっといろいろ考えたらどうだ？　メールだけじゃなくて違うことをしてみたら、彼女（彼）も振り向いてくれるかもしれないぞ」

「君だって好きな女の子（男の子）がいたら、いろいろ考えるだろう？」

そう言うと、今の若者も多少は興味を持ってくれる。

僕は恋愛の専門家ではないが、安易なアプローチから生まれた恋には安易な結末しか待っていないはずだ。本当に好きな人と出会ったら、まるで戦国時代の武将が城を落とすがごとく、あの手、この手を使って、考えながらじっくりと相手を落とす……失礼、相手の気持ちをこちらに向けさせる。

当たり前のことだが、今と違って昔の人は、一通の手紙、いや、一文字一文字に自分の気持ちを託しながら筆で、あるいはペンで文字をしたためたものだ。

最初から難しいことを考えようとしても、そもそも思考回路が退化している、あるいはないのだから考えられるはずがない。まずは恋から始めようじゃないか。

好きな相手をいかに振り向かせるか？

そうやって考えることの楽しみを覚えてくれたら、人生が楽しくなるはずだ。いや、人生だけではない。そこから先、国について考えるようになるかもしれない。国を守ることが必要だと分かってくれるかもしれない。

その意味からも、両極端のように思える恋と戦争を並列に表現し、物事の本質をついた、この〝All is fair in love and war〟という格言は素晴らしい。

願わくは、今の若者が恋を通じて物事を〝考える〟時代が再び到来してほしい。

◆相手の身になって考えてみる！

そこから先、今度は難しい問題、差し迫った問題について考えて欲しい。

かつて、アメリカのニクソン政権やフォード政権で参謀的役割を担った国際政治学者のヘンリー・キッシンジャー博士は、あるとき、弟子たちにこういう意味の言葉を言ったという。

「自分が国務長官、あるいは国防長官になったときにどうするのか？　その〝視点〟を忘れずに学問を追究しなさい」

将来、自分が何になりたいかを考えるときに、いざその立場になったら何をするかを考えることは重要だ。できもしないからと言って思考をストップさせるのではなく、自分がその立場に置かれたときにどう考え、どう行動するかを日頃から十分に考えておく。それができない人間は、その責任ある立場に立ったとしても、適切な判断や行動はできない。キッシンジャー博士はそう言っているのではないかと思う。

本田技研工業の創業者・本田宗一郎氏だってこう言っている。

「人を動かすことのできる人は、他人の気持ちになれる人である。そのかわり、他人の気持ちになれる人というのは自分が悩む。自分が悩んだことのない人は、まず人を動かすことはできない」（『一日一話』ＰＨＰ研究所）

洋の東西を問わず、立派な人間は同じことを考えるものだ。

ひるがえって、現代の日本人はそう考えているのか？

いや、考えているはずがない。今の若い世代の国会議員は、考えることをしなくなった。考えるためには、情報収集、分析、判断が必要だ。それがないと決断できるはずがない。ましてや、覚悟を持つのはなおさら無理と言えよう。

果たして、日本の政治家、言論人は自分が責任ある立場に立たされたときにどうするか考えたことはあるのか？　そして、いざその立場に立ったときの覚悟はあるのか？

アメリカでは大統領就任の際、宣誓すると同時に核の発射ボタンを預けられる。いざというときは、自分の責任で世界の一部を滅ぼす決断をしなくてはならない。身が震えるほどの責任がのしかかる。それが本来のリーダーのあり方だろう。

また、当然のことながら、権力の座には決断を最後までやり抜く覚悟もついて回る。

では、覚悟とは何か？

僕はよく、こういうたとえ話をする。

たとえば、数百人の乗客を乗せた旅客機がハイジャックされ、その飛行機が人口密集地に落ちるか、巨大高層ビルに激突するか、どちらかであることが確実だと判明したとする。そのとき――。

「その飛行機を撃ち落とせという決断ができるか？」

「その決断をした人を支持できるか？」

それができるのが、覚悟があるということだ。

◆危機管理の要諦は決断にあり

僕は昨年、アメリカ・オハイオ州の大学を訪問した。そこでいくつかの講義をしたのだが、授業の合間に、非公式にその質問をしてみた。アメリカ人の学生を中心に、東南アジアの学生など約七〇名の学生に尋ねたところ、東南アジアの学生は判断を控えていたが、五〇名強のアメリカ人学生は躊躇なく「イエス！」と答えた。予想通りと言えば、予想通りの答えだった。

僕が教鞭を執る千葉科学大学の学生にも一度聞いてみたいものだが、果たしてどんな答えが返ってくるのだろう。非常に興味深い問題だ。

あなたには、そのとき、「乗客が乗った飛行機を撃ち落とせ」という決断ができるか？　その決断には相当の覚悟が伴うが、それこそが「クライシス・マネージメント（Crisis Management＝危機管理）」の本質である。

緊急事態の決断には「プライオリティ（Priority＝優先順位）」が大事だと言われるが、では何の優先順位が高いのか？　何が重くて、何が軽いのか？　あなたはとっさに判断して決断できるだろうか？　数千人、数万人の命を救うために、飛行機の乗客数百人の命を葬り去れるだろうか？

そもそも決断とは何か？　断腸の思いで軽いほうを切り捨てることだ。決断できずに躊躇していては、より深刻な重大な事態を迎えるのは明らかだ。だが、切り捨てる決断のできる、覚悟と勇気を持った人間が、果たして日本にいるだろうか？

日本人の多くは決断をしない。かといって、本当の意味で、他人に決断を委ねることもできない。だから、次世代に決断の仕方を教えることもできない。

決断できないままアメリカの庇護の下で七〇年が過ぎた。日本を取り巻く状況が大きく変化しているにもかかわらず、危機管理の処方箋がないモラトリアムの状態、つまり思考停止状態のまま今日まで来てしまった。

オハイオ州のフィンドレー大学では「危機管理」に関する講義をやらせてもらったが、日本と何が違うといって、学生がみんな質問してくることだった。

危機管理に関する日本とアメリカの考え方の違いを聞かれて、僕はこう答えた。

「日本は最悪のことを想定すると、最悪のことが起きてしまうと思うから、なかなか危機管理ができない。アメリカは最悪のことに対してどうしたらいいかを考えるから、最善のことができると考えている」

ここが危機管理における日米の考え方の違いだと僕は考えている。

では、アメリカではどうしてそういった考え方が生まれてくるのか？

学生に聞いてみたところ、なるほど良く分かった。

アメリカでは小さい頃から「自分でできることは自分でしなさい」と教えられるという。ところが日本では親が「あれをしなさい」「これをしなさい」と子どもに指示し、自分で判断させることをしない。つまり、日本では自ら考え、判断し、行動することを子どもに教えていないが、アメリカでは子どもの頃から、物事を自分で決める、自分のことは自分で責任を取るといった〝訓練〟がなされているのだ。

それが大勢の学生と話をしてよく分かった。だから、先の質問にも「イエス！」と即座に答えられるのだ。しかも、彼らは「アメリカ人であれば、その答えを支持するはずだ」と胸を張って言った。

イエスと答えた学生に、「法律的に許されるのか？」と聞いたが、

「法は関係ない。当たり前の話だ。撃ち落とさなければ何十倍、何百倍もの被害が出る」

二〇歳前後の若者が瞬時に判断し、そう答えるのだ。

同じ若者でも、日本の学生でそこまで言える人間は少ないだろう。彼らがすぐ返事をするということは、小さい頃から自立し、自分の頭で考えて物事を決めるという訓練がなされているからだ。

◆想像力が働かなくなった日本人

キッシンジャー博士を見習っているわけではないが、僕は政治家や外交評論家に会ったとき、

失礼ながら、こう聞くことにしている。

「あなたが外務大臣だったらどう行動しますか？」

いざ自分が責任ある立場に身を置いたとき、果たしてどう判断し、どう行動するのか？

それが答えられない人間に批評をする資格はないし、政治家でいる資格はないと僕は思う。

僕は一九九九年に外務総括政務次官（外務副大臣）としてイスラエルを訪問したことがある。その際、僕がパレスチナ問題について聞こうとすると、イスラエル政府の高官はこう言った。

「それを聞いて、あなたはどうするんですか？」

一般論として聞くのなら、つまりただ単に情報として知っておきたいだけなら、答えても意味がないというわけだ。彼らにとっては、それを聞いてあなた、つまり日本はどう行動するかが知りたいのだ。いわば、日本の〝本音〟が聞きたいのだ。

では、実際にこう聞かれて、答えられる日本の政治家はいるだろうか？

おそらくいない。

たとえ、Ｉｆの世界であったとしても、それは人として持つべき一つのビジョンであり、政治家たるものビジョンがないとおかしい。

政治家とは、国の施策に対する一つのビジョンを実現することに尽力する職業だ。しかし、日本の政治家の中でビジョンを持っているのはほんの一握りだ。だから、大臣を拝命しても官僚の言いなりになってしまう。

政治家と国民の関係性における最もシビアな例が、冒頭で少し触れた第一次世界大戦後のイギリスである。

まず背景として、第一次世界大戦勃発前のイギリスは、第二次世界大戦下における日本と同じように、嘘を嘘で塗り固めるような報告を行ってドイツと戦争をした状況がある。戦争には勝利を収めたものの、国民は疲弊し、終戦後、「国や国王のために命など捨てられるか」という世論がイギリス中を飛び交った。

その厭戦ムードとも言える状況は、今の日本と極めて似ていると言っていい。

そんな中、ドイツにアドルフ・ヒトラー率いるナチスドイツが台頭してくる。

ヒトラーはオーストリアを併合し、チェコスロバキアのズデーデン地方に目を付けていた。これに対してイギリスのネビル・チェンバレン首相は、戦争を回避するために一九三八年九月二八日にミュンヘンに飛び、ヒトラーのほか、エデゥアール・ダラディエ首相（フランス）、ベニート・ムッソリーニ首相（イタリア）を交えて会談を行った。

この会談で、チェンバレンは「領土拡大はズデーデン地方で最後」と主張するヒトラーの言葉を鵜呑みにし、要求をほぼ受け入れた。ロンドンに帰国後、チェンバレンは「我々の歴史の中で、名誉ある平和が戻ってきたのはこれで二回目だ」と意気揚々と演説。しかし、その後、ヒトラーはミュンヘン協定を反故にし、チェコスロバキアを併合する。

結局、ミュンヘン会談はナチスドイツの増長を招いただけだった。

するとイギリスはどうしたか?

ヒトラーを危険視し、「彼は残虐非道な男だ」と主張し続けてきたウィンストン・チャーチルを国王ジョージ六世が選び、チェンバレンの代わりに首相として指名し、組閣させる。あれだけ厭戦ムードが高まっていたにもかかわらず、イギリス国民は国王の選択を受け入れ、国全体が一丸となって「打倒ヒトラー! 打倒ナチス!」に邁進するのだ。

「決して、決して、決して、決してあきらめるな(Never, never, never give up)」

イギリスがドイツ軍の空襲に苦しむ中、一九四一年一〇月二九日に母校ハロウ校の卒業式に出席したチャーチルはこう力説した。この演説が国民を大いに鼓舞した話は今も語り草となっている。

しかし、この話の大きなポイントはその後の展開にある。

ヒトラーを倒してイギリス側連合国の勝利で第二次世界大戦が終わったあと、チャーチルは果たしてどうなったか?

冷徹なるイギリス国民は、選挙でチャーチルを落選させるのだ。

当時の社会主義運動の高まりもあって、イギリス国民は労働党を支持し、チャーチル率いる保守党は敗北の憂き目を見る。要するに、チャーチルは平時には必要ないというわけである。言わば危機管理内閣だったのだ。

それこそがおそらく民主主義が完全に機能していることの証であり、国民が持っている権利をきちんと行使しただけの話である。

ひるがえって、今の日本はどうか。直接選挙ではないにしても、安倍晋三総裁率いる自民党を支持した人たちが選挙で投票した結果、与党は三〇〇議席以上も獲得した。

ところが安保関連法案の採決をめぐって、安倍総理は「国を損じている」とか、「己の名誉のために独断専行している」などと主張している人がいる。テレビや新聞などマスコミの意見を見ている限りでは、大多数の人たちが反対していたらしい。

本当にそうなのか、と僕は思ってしまう。そこがよく見えないのだ。

反対している人がそれだけ大勢いるなら、なぜ自民党が選挙で大勝するのか？

世論の大多数が反対なら、選挙で自民党が大敗するはずだ。しかし、そうはならないどころか、大勝するということは、大多数の国民が安倍政権を支持しているということだ。

異論のある人は、選挙制度の欠陥や投票率が低いことを錦の御旗に掲げて、日本国民の大多数は安倍政権を支持していないと反対するかもしれない。しかし、その意見は、そもそも民主主義のあり方を批判していることになる。そのことに気づかないのだろうか。

そうした反対意見を認めてしまったら、そもそも民主主義は成り立たなくなる。

個人的にも、僕は安倍首相を例外的に優れたリーダーであると考えている。もちろん、そうした私見は別として、安倍政権に対する反対の声を聞く限り、有権者のレベルが政治のレベルだという通説は当たっていると言わざるを得ない。

◆政治家のレベル＝一般大衆のレベル

国会議員のレベルが有権者のレベルとイコール（同等）という見方は、間違いなく世の中の真実である。国民の代表たる国会議員ですら、自分のビジョンを持っていない。そんな体たらくの日本だから、学生、いや、国民のレベルも推して知るべしだ。逆に言えば、国民が国のあり方、ありようについて、そして、政治について真剣に考え、行動していれば、政治家も自ら考え、自らの矜持を持って行動するものだ。

しかし、残念なことに日本人は自ら考えることをしなくなった。結果として、しっかり自分自身で考えて、行動する政治家が生まれてこなくなった。当然の帰結である。

よく、国政に関して話題になる出来事が起きると、こんな光景が見られる。

たとえば、二〇一五年に巻き起こった、安全保障関連法案に関するこういう光景である。

「安全保障関連法案について、どう思いますか?」

野党の政治家のみならず自民党の政治家も、自分の支持者に対してそう問いかけているのだ。

そもそも、この問いかけ自体がナンセンスだと思わないのだろうか?

なぜ、堂々と自分の意見を言えないのだろう?

答えは簡単明瞭。当の政治家が意見＝ビジョンを持っていないからだ。

「安全保障関連法案について、私はみなさんの代表として、こう理解している」

本来なら、まずはこう口火を切るべきである。そして、自分の主張を述べたあとで有権者の意見を聞く。

「したがって、私は賛成（あるいは反対）だが、みなさんはどう思われますか？」

これが政治家としての〝筋〟ではないだろうか。しかし、こうした政治家は、僕の知る限りほとんどいない。

自分の意見を言わず、「みなさんはどう思われますか？」と支持者に向かって聞く政治家が、世界のどこにいるのだろうか。「私はこう考えている。それをあなたは支持しますか？　しませんか？」が世界の常識なのだ。自分の意見を言う前に支持者に意見を聞いている時点で、この政治家は議員失格としか言いようがない。

そして、支持者が「分からない」と答えようものなら（そう答えるのは目に見えているのだが）、国会で質問に立ったとき、

「安全保障関連法案を国民は理解してませんよ！」

と、さも国民の意見を代弁しているかのように、偉そうに訴える展開になるだけの話だ。確かにその姿は国民の代表そのものなのだが、そこに政治家が介在している意味はなく、ただの拡声器、スピーカーに過ぎない。

こんな茶番劇はやめてほしい。

僕はこう言いたい。「分からないのはあなたでしょう」と。

なぜ「私は分かりません」と正直に言わないのか。分からないならば、勉強し、それでも分からなければ、総理に対して、あるいは担当大臣に対して、とことん分かるように質問しようとしないのか。

国会議員ですら、本気で議論しようとはしない国に未来があるはずがない。

そして、そんな国会議員を選んでいるのは、自分たち有権者であるということを、私たちはもう一度認識すべきだ。

第二章　危機と向き合えない日本人

――安全な社会が日本人を堕落させる

二度も世界に恥をさらした日本

光景だった。

◆自分は偉いと勘違いしている政治家

二〇一五年七月に安全保障関連法案が可決された際も、僕が目にしたのは実に醜悪で情けない光景だった。

野党議員は、「強行採決反対！」「アベ政治を許さない」「自民党感じ悪いよね」などと書かれたビラを掲げた。しかし、彼らがビラを向けたのは、議長や自民党に対してではなかった。彼らはテレビ中継するカメラに対して、カメラの向こうにいる国民に対してビラを見せつけたのだ。

「見てますか！　自分たちはこれだけ反対していますよ！」

有権者にそう告げる、彼らの心の声が聞こえてくるようだった。

これはまさに衆愚政治、ポピュリズム政治そのものではないのだろうか。

政治家が国内外の緊迫する情勢と真正面から向き合わず、支持者のほうばかり向いて政権批判ばかりしていたのでは、政治家としての本来の仕事などできるはずがない。

僕はあるとき、こんな場面に遭遇したことがある。ある会合の最中、代々国会議員の家に生まれた政治家がこう言ったのだ。

「俺は国会議員だぞ！」

すると、そこに同席していたある人が、

「ちょっと待って、あなたを選んでいるのは国民ですよ。どっちが偉いんですか？」

とおっしゃられて、その国会議員はバツが悪そうな顔をして黙ってしまった。

いまだに国会議員になると偉いと思っている人間がいる。勘違いしてはいけないのは、国会議員は偉いわけではないということだ。それは国民に奉仕する職責の一つである。にもかかわらず、偉いと勘違いしてふんぞりかえってばかりいて、国と国民のために自分がやりたいことを面と向かって言える政治家はいない。それが現実だ。

僕が政治家だった頃、周囲の政治家と話していて、この人は勉強不足じゃないかと思うことが多々あった。つまり、分からないことを質問するのは良いが、分からないことがたくさんあるにもかかわらず、分かっているかのように意見を述べているのだ。いわゆる〝知ったかぶり〟だ。

それとなく示唆すると、殊勝な顔で「これから勉強します」と言う政治家もいた。僕は笑顔を見せるが、内心では笑っていない。冗談ではない、そんな軽い気持ちで政治家になった人間に立法などできるはずがない。

学生から政治家まで、自分の頭で考えないこの国に未来はあるのか、心配になる。

◆君は自由と民主主義を守れるか？

あるとき、学生に平然とこんなことを言われたことがある。それも一人だけではない。

「先生、卒論のテーマは何がいいですか?」

そう聞かれたら、僕はこう答えるしかない。

「それは君が考えることだろう。君の卒論のテーマを僕に聞いて分かるわけがない」

卒論のテーマは人から与えられるものではなく、自分で考えるものだ。まずは、自分が何に興味を持っているかを考えることから始まるのだ。

しかし、現実はと言えば、卒論にしてもインターネットの記事の「コピペ（コピー&ペースト）」で済ませてしまうようなケースもあるという。ただ単に卒論を提出し、「はい、合格! 卒業できますよ」というお墨付きを得るためのイベントになっているのではないか。

学生はもちろん、ネットのコピペでもOKを与えてしまう教授、大学があるとすれば、問題ありと言わざるを得ない。嘆かわしいことだ。

一方で、僕は大学の講義で学生を前にしてこんなふうに聞いたことがある。

「君は自由を守るかい?」

聞かれた大学生はどうしたか? 答えもせず、ポカンと口を開けているだけだった。

「じゃあ、君は民主主義を守るかい?」

そう聞いても返ってくる反応は同じだった。はあ? この人は何を言っているんだろう? という表情は変わらなかった。

彼らにしてみれば、自由も民主主義も、空気と同じようにあって当たり前のものなのだ。「空気を守れ！」「空気を手に入れるために戦え！」と言われても、ピンとこないのは当然である。

それでも、ぎりぎり救いはある。

「じゃあ、みんなはどういうときに戦うんだい？」

と聞いたことがあるのだが、その答えは立派なものだった。

「自分の生活が崩されると分かったときは戦います！」

この言葉を聞いたとき、僕は少し安堵した。そういう気持ちがあるなら、まだ救われるなと思ったのを覚えている。今の若者だって可能性を秘めた存在なのだ。そう気づかせてくれる瞬間だった。

今の若者の心の中にも、人としての誇りが燃えていることが分かる。そうやって、少しずつではあるが、〝重い扉〟を開いていくことが大事なのだ。

未来が真っ暗ではないことに安堵する半面、彼らの思考レベルは困ったものだと首を傾げざるを得ない。

誤解しないでもらいたいが、今の若者がダメで、昔の人はすごかったということを言っているのではない。自分の学生時代を思い起こせば、自分の思考レベルは心ある大人たちを困らせていたに違いないのだから。

僕が言いたいのは、思考の「レベル」うんぬんではなく、そもそも思考とは自分がするべきものだと思っていない人間に対し、自ら考えることの必要性をどのように説明すれば理解してもらえるのかという問題だ。

結局、教育とは何かという本質的な問題に行きつくことになる。人間形成と言い換えてもいい。自分自身でやりたいことを見つけ、その目的に向かって、自らを自らの責任で動かしていくこと以外にないはずだが、このことをどうすれば理解、納得してもらえるのか……それが僕の日々の戦いであり、日々、勉強の連続だ。

◆民族としての誇りをなくした日本人

二〇一五年夏、現代の日本人がいかに劣化したかがはっきりと分かる象徴的な出来事が起きた。それが、二〇二〇年の東京オリンピックをめぐる二度の〝白紙撤回〟である。

最初の醜態は新国立競技場の建設計画である。公募時の予算が一三〇〇億円であったものが、設計事務所の試算、修正案を経た金額が人件費や資材の高騰を理由に二五〇〇億円超にまで膨らんだのだ。予算を一〇〇〇億円以上オーバーしたことから世論の非難を浴び、二〇一五年七月、安倍首相の判断により建設計画がいったん白紙撤回された。

それから一カ月後の九月初頭、今度は東京オリンピックの公式エンブレムが採用中止の事態に陥った。

オリンピックの大会組織委員会が採用したデザイナー佐野研二郎氏のエンブレムが、ベルギーにあるリエージュ劇場のロゴマークにそっくりだとしてクレームがついたのだ。その後、同じようなデザインがほかにもあったことが判明したり、リエージュ劇場のロゴマークをつくったデザイナーが訴訟を起こしたりしたことから、世間のバッシングが高まり、看過できないほど大問題化した。

さらには、過去の佐野氏の多くの作品が、ほかのデザインやブログからの写真を無断使用していることが判明。そんな中、ある飲料メーカーの懸賞として用意されたバッグのデザインが、ブログに掲載されている写真や第三者のデザインをそのまま流用したとして、該当するデザインのバッグの使用を自ら取り下げている。

大会組織委自体は、オリンピックのエンブレムは問題ないと断固たる姿勢を見せていたが、世論を無視できないと考えたのか、九月一日になって佐野氏のエンブレムの使用を中止することを決定した。

わずか二カ月の間に、世界が注目するオリンピックというイベントの準備段階で二度もの白紙撤回が起きたのだ。これを「恥」と言わずして何を恥というのか。呆れてものが言えない。

新国立競技場建設計画の白紙撤回に続くエンブレムの採用中止問題は、単なる「恥」にとどまらず、半世紀前と比べて日本人がいかに劣化したかをはかる物差しではないだろうか。

今から五二年前の一九六四年、アジアで初めてとなる東京オリンピックが開かれた。その際、建築家の丹下健三氏が設計した巨大な吊り屋根構造の国立代々木競技場は美と力強さを兼ね備えた建築物で、日本の建築界が世界のトップレベルにあることを示した。同時に、デザイナーの亀倉雄策氏が手掛けたエンブレムは勇壮なものだった。日本の国旗である日の丸をフィーチャーし、シンプルながらも燃え上がるような力強いデザインだった。そこには日本が敗戦のショックを乗り越えて、再び世界の荒海に出ていくという壮大な意志が表現されていたように思う。

それに比して、今回採用中止となったエンブレムはどうだろうか。ひと目見て喪章というか、味付け海苔のような黒帯が目に入る。私見ではあるが、まったくワクワクもしないし、精神を高ぶらせるものがない。僕が選考委員なら採用することはないだろう。

日本人は気概を忘れてしまったのか？

◆日本人も捨てたものではない

今回のエンブレムが問題になった際、大会組織委員会はこう釈明をした。

「世界中の商標登録を確認している。すでに問題ないことが判明している」

確かにそうだろう。今の時代、それぐらいのチェックはしているはずだ。最近はやりのコンプライアンス（法令順守）の観点からは、一〇〇パーセントの答えだ。

しかし、僕が言いたいのはそういうテクニカル（法的）な問題ではない。願わくは、僕はこう言って欲しかった。

「似たようなデザインが見つかりました。今回のデザインは没にして、ほかに二つとないまったく新しいデザインを選び直します」

　こう宣言したら日本中が賛同の嵐に包まれ、日本人全員が拍手をしたと思う。しかし、実際はそうではなかった。なぜそう言えなかったのか？

　結局、担当者も自分の頭で考える気概すらなく、法律が頼りで、法律的に問題なしであれば進めるという、まったくもって頼りないことしかできないわけだ。

　とりわけ、エンブレム騒動における盗作問題は看過できない。

　絵でも情報でも何でもインターネットで簡単に入手できて、マウスのクリック一つでコピペができてしまう時代である。自分で考えなくても簡単に答えが見つかり、しかも利用できてしまう時代だからこそ、自分の頭で考えることが必要なのだが、人はどうしても易きに流れる傾向があるため、すぐ楽をしてしまう。そこを踏みとどまって、そうならないためにも何でも自分の頭で考えるというある種の覚悟が必要なのだ。

　しかも日本人は、これまで他国、とくに中国や韓国の盗作問題を報道し、いかに著作権に関していいかげんな国であるかを繰り返し非難してきた。にもかかわらず、起きたのがこの騒動である。これでは他国を責める資格などない。「二度あることは三度ある」と言うが、三度目の悲劇がオリンピック開催自体の白紙撤回にならないことを祈るばかりである。

　それでも、エンブレム関連の報道で、こんなふうに語る大学生がいた。

「デザインが似ていると指摘されたまま使い続けるのは、日本の評判を落とす。誤解されない新しいデザインを考えてほしい」

インタビュー用の受け答えかもしれない。しかし、どこか頭の片隅でそう思っているから口に出たと思いたい。こうした〝気概〟を持つ若者が増えていけば、まだまだ日本も捨てたものではない。


一九七〇年の大阪万国博覧会の「太陽の塔」で有名な芸術家・岡本太郎氏（一九一一年〜一九九六年）のことを思い出す。

僕は一九七〇年代後半、メキシコ国立自治大学に留学していた。その大学にはいろいろな場所に巨大な壁画が描かれている。この壁画を見たとき、僕はメキシコ在住の日本人芸術家に「岡本太郎はシケイロスやリベラを剽窃していませんか？」と聞いた。

僕が挙げたのはダビッド・アルファロ・シケイロスやディエゴ・リベラといった世界的にも有名なメキシコ人画家の名前だ。すると、その人はこう答えた。

「岡本太郎という人はすごいよ。だって彼は、『一九二〇年代に僕の芸術を真似した人がいた』と言っていたんだから」

僕は唖然とした。二の句が継げず、心から笑ったことを覚えている。以来、岡本太郎氏はやっぱり天才だと思うようになった。

日本人一人ひとりが胸に秘めている気概を示す。今の日本と、日本人に求められているのはそれだと思う。烏合の衆から一刻も早く抜け出して、ワシのように大空を飛び回る。まだまだ遠い先のことかもしれないが、その日が来ることを願っている。

◆職業でしか将来を描けない若者たち

さて、話を学生に戻そう。考えることをしなくなったのは学生だけではない。

大学では、受験生向けに学校の施設や授業風景を見せる「オープンキャンパス」を開催するが、そこに一人で来る受験生は少ない。では、誰と来るのか？　友人たちと来る受験生もいないことはないが、圧倒的に多いのは親と一緒に来る受験生だ。

高校を受験しようとする中学三年生くらいならまだ分かるが、「選挙権」を与えられた一八歳の〝大人〟が、親と一緒にのこのことやって来る姿をどう思ったらいいのだろう。

もちろん、異論はあるだろう。親と一緒に来る受験生の中には、自分が行きたい大学だから親に見てもらいたいと考える人もいるだろう。それなら良し。

しかし、大学で何を学びたいか定まらず、かといってまだ就職はしたくない。とりあえず学力相応の大学を親と一緒に見て回っているというのなら、これは情けないと僕は思う。

大学とは本来、自分が学びたい学問を究める場所だ。義務教育期間と、その後の高校で学んだことの中から、自分が興味を持った分野を選択し、将来、社会の役に立つことを学ぶ場所でもある。

しかし、日本では本末転倒で、肝心のそのあたりが忘れられている。自分の意志で大学を選んだという学生は少なく、親が選んでいるのが実情だ。

大学卒という肩書を得たいがため、そのほうが就職に有利だということのためだけに大学に来ている若者が増えている。これはたぶん、彼らの親たちがそう思っているからだ。

大学も大学で、少子化の時代に一人でも多くの学生を獲得しようと必死だから、受験生や学生に対してだけでなく、親のほうにも向かざるを得ない。主導権、決定権は親が握っていることが分かっているから、親に向けて情報を発信している。

これは僕が教えている大学だけではない。現在では、多くの私立大学はおろか国立大学でも成績表を親に送っているし、保護者を対象にした懇親会を全国各地で開催している。大学が見ているのは学生ではなく、お金を払っている親なのだ。

ある国立大学の学長は、成績表の親への通知に関してこんなふうに言っている。

「『大学生を小学生扱いすべきでない』との指摘もあったが、親に学習状況を伝えれば、親が学生に学習を促すことが期待でき、留年などの防止に役立つ。時代の流れだ」

受験生、学生もそれで当然と思っている。周囲が敷いたレールに乗っていたほうが楽だから、さしたる抵抗もしない。

先ほど、僕が教えている大学には自衛官や警察官、消防官や救急救命士、あるいは文字通り危機管理官になりたいという若者がやってくると書いた。それはそれで本当に素晴らしいことだと思う。私事で恐縮だが、僕が大学に入った頃、将来自分はこれをしたいという明確なものは何一つなかった。それと比較すれば、「人を助けたい」という思いから大学に来ている若者に出会えることは感動ですらある。

しかし、大学で学生と親身に話をしていると、彼らの中には、ただ何かしら手に職をつけたいという消極的な学生もいるのは否定できない。専門性の高い単科大学が増えた一方で、それでは専門学校との差はどこにあるのかという疑問も湧いてくる。

調査する会社にもよるが、親が子どもに就いてほしい職業として、「公務員」が一番人気になることもある。もちろん、そこには社会の役に立ってほしいという願望はあると思うが、倒産して路頭に迷う心配がないというのが本音なのではないだろうか。

それでも我が危機管理学部にやって来る学生は、自衛官や警察官、消防官や救急救命士になって人々を救いたいという明確で具体的な考えを持っている若者だ。しかし、文学部や経済学部を出て、一般企業に就職しようとしている若者の将来の目的は何なのだろう。

僕はいつも学生たちにこう言っている。

「何になりたいかじゃなくて、何がしたいかだぞ」

若者にとって一番大事なことは、自分の人生の目的を探すことだ。

国民と向き合っていない国会議員

◆省庁の利益を最優先する官僚たち

明確で具体的な考えを持っていないのは大学生だけではないのではないか？

僕のそんな疑問は、国会議員になったときに大いなる不安に変わった。

国会議事堂のカーペットを踏んでみて分かったこと、それは、しっかりとした目的を胸に抱き、国を良くしたいという熱い志を持って国会議員になった人が意外と少ないということだった。

そのあたりの事情は『サムライ国家へ』で詳しく述べたが、僕自身は日本を飛び出て国連難民高等弁務官事務所（ＵＮＨＣＲ）で働いた経験から、日本を変えたいと思って〝永田町〟に飛び込んだ。大きな青雲の志があったのである。きわめて単純でもあるとも言えるが……。

しかし、いざ国会議員になってみて、「日本を変えたい！」「国民の生活を良くしたい」と本気で考えている国会議員がほとんどいないことに愕然とした。お家の事情か、選挙区の事情かは分からないが、めぐり合わせで国会議員になった人間ばかりだったのだ。

考えてみてほしい。国会とは立法府である。何をやりたいか分からない国会議員に、法律を作ることなどできるはずがない。官僚の言いなりになるのがオチである。

では、官僚はどうか。もちろん、官僚にも立派な人間がいることを断ったうえで言うのだが、彼らのほとんどは国民のほうを向いていない。

そのことを象徴する事例として、先日、僕の友人からこんな話を聞いた。

その友人の先輩がある省庁に官僚としているのだが、その先輩が入省して間もない頃、上司から、ある問題に関して意見書を作って欲しいと命じられたという。

そこで彼は苦心惨憺《さんたん》して、考えに考えて作った意見書を提出した。

すると上司は何と言ったか。

「素晴らしいね、君の意見は！」

ここまでは何ら問題がない。しかし、次に続く言葉は彼の予想のはるか上をいくものだった。

「でも、これは国民を向いているじゃないか！」

つまり、この提案書のままでは我が省の利益にならない、というわけである。自分たちの基盤を固めることが優先事項で、省益になる意見でなければ、どんなに立派なものでも通らない。そして、入省から三年間は、そうした考え方を徹底的に叩き込まれるというのだ。

法案を作るにしても何にしても、つねに上司からダメ出しがあるため、必然的に上司に承認されやすい案になってしまう。気づいたときには国民目線の考え方は雲散霧消している。

それはまるで〝洗脳〟のようなものだ。たとえ、どんなに優秀な人間であっても、洗脳されてしまうのが霞ヶ関の恐ろしいところだ。

地盤や一族のしがらみが優先されて、何の目的も持たずに国会議員になった人間では、そんな権益ばかり考えている官僚のいいように操られてしまうのは当然だ。

昨日まで農水大臣をやっていた人間が今日からは防衛大臣をやっている。少し考えれば誰もがおかしいと思うような、暴挙ともいえる人事がまかり通ってしまうのも、こうした官僚主導政治の負の側面なのだろう。

◆大臣の肩書を欲しがる国会議員

組閣が決まる際、誰もがテレビのニュースでこんな光景を見たことがあるはずだ。

大臣候補の国会議員のもとに総理から電話がかかってきて、大臣任命を伝えられると、その議員が満面の笑顔で了承するという映像だ。これがいかに茶番劇であるのか、僕は国会議員になってみて初めて分かった。

僕が民主党にいた頃、当時の菅直人内閣で内閣府副大臣を拝命したことがあった。その際のやりとりがまさに珍妙なものだった。

僕の携帯電話に菅総理から内閣府副大臣に任命するという電話がかかってきた。

そのとき、僕はまずこう聞いた。

「内閣府副大臣は何をやるんですか？」

すると、総理は一瞬、言葉に詰まり、しばらくして驚くべき答えが返ってきた。

「……分からない」

これには思わず唖然としたものだが、それはまだ序の口だった。

「なぜ、僕なんですか？」

返ってきた言葉がまた驚きだった。

「……分からない」

これには思わず耳を疑った。そして、僕はこう答えた。

「それならば、僕は受けられません。内閣府副大臣をやりたい人はいっぱいいるでしょう、ほかの人に与えてください」

僕がそう言うと、総理は「改めて連絡します」と言って電話を切った。すると三〇分後、官房長官だった仙谷由人氏から電話がかかってきた。

「東さん、困るんだよ」

「いったい何が困るんですか？　日本国にとって困るんですか？」

しばらくやりとりが続いたあと、仙谷氏はこう言った。

「東さん、何をやりたいんだ？」

実はその質問は、当時の僕には願ったりかなったりだった。

「官房長官が担当しているＰＫＯ（国連平和維持活動）をやらせていただけますか？　仙谷さんは忙しいからできないでしょう、僕に任せてください」

そうは言ったものの、当時、ＰＫＯ担当大臣は内閣府の担当ではなかった。仙谷氏がどう答えるか、興味津々で待っていると、こういう返事が返ってきた。

「東さん、それは条件でいいの？」

「それを僕に任せてくれるなら、（内閣府副大臣を）受けますよ」

しばらくして再び電話があり、仙谷氏は「分かった」と言って、僕はＰＫＯも担当することを条件に、内閣府副大臣を拝命したのである。

残念ながら、その仕事も完遂することはできなかったが、ＰＫＯ問題は僕が国会議員になることを決めた大きな要因でもあったので、そのときは自分がやりたかったことができると素直にうれしかったものだ。と同時に、大臣というものがいかに簡単にできあがるのかも身にしみて分かった。

◆一人ひとりが国を良くするために

確たる目的を持たない国会議員と、省庁の利益しか頭にない官僚が動かしているのでは、この国がいい方向に向かうことなどない。まさに四面楚歌の状態である。

だからと言って指をくわえて見ていることなど、この僕にできるはずがない。何とか日本を変えたいと思って国会議員になって邁進してきたが、その後の選挙で落選し、永田町を去ることになった。

学生も、国会議員も、何ら目的を持たず、生活手段としてその職業に就いたらどうなるだろう。その職に「就いた」ことに満足して終わりなのではないだろうか。そこから先、結婚して家庭を持ち、ぬくぬくと大過なく過ごしていくのだろう。それも一つの生き方で、その人が自ら選んだ人生に関して、僕がとやかく言うつもりはない。

ただ、この「大過なく」もまた日本人が好きな言葉だ。

僕くらいの年齢になると、面識のある友人や知人から定年退職したことを知らせる挨拶状が届く。そこには、決まり切った文面として、「大過なく仕事を全うした」と書いてある。「波乱万丈」、あるいは「山あり谷あり」の仕事人生だったなどと書いてあるケースは極めてまれだ。

大過なく……つまり、大きな過ちなく仕事をする、生きることが日本人の一つの理想の生き方になって久しい。ということは、公務員になって大過なく生きることが日本人の理想なのだろうか？

国のため、会社のため、仲間のため、そして自分のため、さまざまな挑戦や努力をしたことの結果として問題を解決することができた、だから満足している。それなら分かる。しかし、多くの日本人はそうではない。いざ問題が間近に迫っても、その問題から逃げて、逃げて、逃げ続けた結果が「大過なく」だとしたら、それは情けない限りだ。

逆に過ちの一つや二つあってもいいから、それ以上に国のため、日本人のために良かれと思う行動を取ってほしいものである。

失敗、誤りがない人生なんてあるのだろうか。ある哲人はこう言っているのではないか。

「努力すれば、誤りはある」と。

人間関係は危機管理から始まる

◆危機を危機と認識できない日本人

日本はこのままでは危ない！

僕はつねづねそう考えてきたが、そうした疑念が、実際に若者と触れることで確信に変わりつつある。確かに僕が教えている大学は、東京大学や慶應義塾大学、早稲田大学といった、日本で〝一流〟といわれる大学と違って、抜群に成績優秀な――記憶力が良く、整理能力の高い――若者が集まる大学とは言えないかもしれない。しかし、能力に多少の程度の差はあっても、性格や行動原理、物の見方などがそうそう変わるはずもない。

有名大学、一流大学にしても、創立者の精神は今やほとんど忘れられている。

「独立自尊」――それは慶應義塾大学の創立者である福澤諭吉が唱えた教育の基本だ。毀誉褒貶《きよほうへん》に関係なく、他人がどのように非難、批判しようが関係なく、私たちは独立自尊の人間を生み出していくのだ、という自負が込められているはずだ。

しかし、現実はどうか？　慶應義塾大学には同窓会の組織「三田会」があるが、慶應に対する評判が上がれば人が集まり、下がれば去っていく人たちの集まりだと友人から聞いた。それでは、福澤諭吉の唱えた教えとは真逆の人間が輩出したということではないか。

福澤諭吉は、そういう人間を育てないようにするためにどうしたらいいかを祈っていたはずだ。一人ひとりが自分の生き方を本当に模索していけるようにするためにはどうしたらいいのか――そこに教育の原点があるにもかかわらず、結局、みんな形だけを真似をしているのだ。いや、その形も失われつつあるのではないか。

現在の日本人は劣化している。誰もが自分のことしか考えず、周りのことを気にしない。危機が迫っても対処できるはずがないのだ。その理由はおそらく、多くの日本人が、「安全な環境は安心である」という考え方に慣れきってしまっているからではないだろうか。

朝、家を出て会社に行って、夜、仕事を終えて帰宅する。日本で暮らしている限り、その間に生命の危機を感じるような瞬間などない。せいぜい、危うく車にひかれそうになったとか、混雑した歩道を歩いていたら自転車にぶつかりかけたとか、女性であれば、夜道で見知らぬ人間に声をかけられたくらいではないだろうか。

だからかもしれないが、日本人は安全な環境であることに甘えているとも言える。

「安全と水と自由はタダ」と言ったのは、『「空気」の研究』（文春文庫）やイザヤ・ベンダサンのペンネームで『日本人とユダヤ人』（角川文庫）を著した評論家の山本七平氏だが、まさに日本人はその通りだと思っている。

そこには、難民問題が深刻化している欧州のような切迫感はない。窃盗、傷害、殺人などが身近に存在し、生きることはサバイブする、つまり「生き抜く」ことだと考えている欧米諸国や中東、アフリカ、中南米などの国々と比べて、日本はまさに温室そのもの。日本人はまるで危険とは縁のない動物園で暮らす動物のようだ。

動物園にはサバンナと違って差し迫った危険や危機は存在しない。動物園の動物は与えられた環境の中でぬくぬくと生きていくだけだ。ついでに言えば、狭い檻の中でストレスが溜まるところなども、日本は動物園にそっくりだ。

周囲の環境に注意を払わず、危険をはなから考えようともしないで育った人間に、危機管理などを説いたところで理解できるはずがないのだろう。

◆公共のマナーに厚顔無恥な人々

いかに現代の日本人が自分以外の人間に注意を払っていないか、街に出て日本人を観察してみるとよく分かる。

最近ではスターバックスコーヒーやタリーズコーヒーなど喫茶店のチェーン店が増え、僕もひと休みするためによく入る。友人と話をする人、本を読んだり勉強したりする人、あるいはノートパソコンで仕事をする人など、みんな思い思いのことをしているが、ときどきスマホの着信音が鳴ることがある。

そのとき、その客がスマホを手に取ってどうするかを、僕は観察している。

着信を拒否するなら良し。電話に出ても小声で手短に話すならギリギリ許そう。逆に多少大きな声でも「今は話せないから、あとで掛け直す」と言うなら良し。スマホを手に取って店を出て、外で話すならなお良し。まあ、多少の差はあれど、それらのいずれかであって欲しいというのが常識だろう。

しかし、あるとき、僕と同じフロアにいた青年客は、席に座ったまま電話に出て、当然のような態度で話し始めた。しかも、あたりをはばからず、離れた席に座っていた僕でもうるさいなと感じるくらいの大声を出しているのだ。

そうなると、本来、黙っていられない性格の僕としては当然のごとく看過できない。立ち上がって電話中の青年に近づき、彼の肩を叩いた。青年は少しだけビクッとして、僕のほうを振り向き怪訝そうな顔をした。

「公共の場ですよ。話すなら外でどうぞ！」

彼に向かってそう言うと、青年は一瞬、ムッとした顔をした。だが、周囲を見てバツが悪いと思ったのか、申し訳なさそうに軽く会釈をして外に出て行った……。

喫茶店といえども、客は静かな時間を過ごしたくてやってくるのだ。そうした静かな時間を邪魔する権利は誰にもない。

僕は電話だけでなく、大声で話している団体客だってうるさければ注意をする。自分たちだけしかいないのであれば問題はないが、ほかに客がいるにもかかわらず、気を遣おうとしない人間が増えているような気がしてならない。

日本人は他国の人に比べて、公共の場所でのマナーは立派だと言われてきたが、それも過去形になってしまったようで、最近はそうでもない気がする。

電車でのマナーを例にとれば、順番に並ばずに横から割り込んでくる人、混んでいるのに大きなリュックサックを背負ったままの人、老人が立っているにもかかわらず優先席に座ったままの若い人などを見かけることは多い。

また、レストランなどでも、小さな子どもが走り回っているにもかかわらず、自分たちの話に夢中になっている若い母親たちをよく見かける。

さらに、先日テレビを見ていたら、「バーベキュー客のマナーの悪さ」を問題として取り上げていた。その番組によれば、バーベキューをしたあとのゴミ処理の仕方がひどいらしく、分別して捨てるように何度も要請しているにもかかわらず、燃えるゴミ、燃えないゴミ、空き缶などがいっしょくたに袋に入れられて捨てられているらしい。しかも、バーベキュー場近くの住民たちのゴミ置き場やマンションのゴミ置き場に勝手に捨てていくのだという。

このリポート番組を見て僕はがっかりした。

ここにも烏合の衆的な集団心理が働いている。最初に誰か捨てた人がいて、二番目以降の人にしてみたら、「みんなが捨てているから、自分も捨てて構わない」という論理のもとにゴミを他人の家に捨てているのではないだろうか。当然そこには、もし自分の家に同じことをされたら嫌だなという意識はない。

こういう話をすると、「いつの時代にもルールを守らない人間は一定数いるのだから、勝手にゴミを捨てる人間だっているだろう」と言う人がいる。確かにそうだ。しかし、だからと言ってゴミを捨てた人間と同じ行動をしてもいいという理屈にはならない。「自分は違う」「自分はルールを守る」という矜持が欲しいものだ。

◆自分の都合だけで行動するな

喫茶店の客の話に戻すと、実はここにも危機管理の〝種〟が潜んでいる。僕が注意すると、たいていの人間は黙って席を立つか、電話をやめる。

しかし、誰かが注意しなかったらどうだろう？

実はこの疑問、電話の話の内容がたわいのない世間話ならそれで終わりである。しかし、内容がビジネスなど守秘義務のあるものだったらどうだろう。会社の近くやオフィス街の喫茶店などで話した秘密の内容を、会社の他部署、あるいはライバル会社の人間が聞いていないとは限らない。つまり、情報漏洩につながらないとも限らないのだ。

そんなことはないと笑われるかもしれない。しかし、可能性がゼロだと言えるだろうか。

ことほど左様に、日本人のマナーが悪化した例を挙げれば枚挙に暇がない。

しかも、個人主義ではなく、利己主義にかぶれた日本人が増えた今では、他人と関わり合いになることを嫌って、たいていのことは見ないふりをしてやり過ごす人間が多い。

喫茶店での電話にしても何にしても、誰も何も言おうとしないから、マナー違反が許されてしまうのか。

マナーと言えば簡単な話ではあるが、昔は違っていたように思う。日本人みんながお互いのことに気を遣いながら、日々を暮らしていたように思う。そこには一つの共同体、コミュニティーともいうべき関係性があった。みんな共同体の一員なのだから、お互い気を遣って快適に過ごしましょうと考えていたのだ。しかし、今の日本は、共同体がなくなったことを〝口実〟に、自分さえ良ければいいと、自分の都合しか考えずに生きている人ばかりだ。

今の日本は便利な社会になっているけれど、便利な社会になればなるほど、基本的に生活しやすくなればなるほど、潜在的危機、リスクは高まっていく。そこで何か問題が勃発したときに、考えているようで何も考えていなかったということが分かるだけの話だ。

第三章　日本人はなぜ危機に鈍感なのか?

——戦後七〇年で日本人の資質は劣化した

安全な環境に慣らされてしまった日本人

◆スマホ中毒が蔓延する日本社会

日本は今、世界でも有数の安心・安全な国だと言われている。もちろん、それは間違いないだろう。しかし、僕はこの「安心・安全」という言葉が好きではない。そもそも、安心と安全という言葉はセットにできるような言葉ではないし、セットにして考えていいような言葉ではないからだ。

よく交通機関やセキュリティーの広告などで、「あなたの安心・安全を守ります」という言葉を見かけるが、少し考えれば分かるように、この二つはそもそも違う概念の言葉だ。

安心とは文字通り、「心が安らかなこと」であって、これは個人の感性の問題である。一方で、安全とは危険でないこと、たとえば、鍵がしっかり掛かっているとか、耐震性が十分であるとか、そういった客観的な基準のことである。

安心には客観的な基準は存在しない。部屋中のドアや窓に鍵を掛けた安全な状態であっても、そこにいる人が、誰かが窓ガラスを破って侵入してくるかもしれないと不安に思えば、その人は安心とは言えない。つまり、安全な環境下にあっても、それで安心だと思うかどうかは人それぞれだということだ。そこをいっしょくたにしてしまうと危機管理的思考はストップしてしまう。

どんなに安全な環境であっても、つねにそこで危機が起こることを想定し、対処法を考えるのが危機管理だからだ。

日本人は長いこと「安心・安全」というセットになった謳い文句に慣らされて、安全であれば安心であるという短絡的思考回路を身に付けてしまった。それが僕には気がかりだ。

電車に乗ると、日本人がいかに安全に慣れきってしまった民族であるかがよく分かる。周囲の人間を観察してみてほしい。

まず目に付くのが熱心にスマホをいじっている人だ。インターネットでニュースなどを見たり、ゲームをしたり、メールやＬＩＮＥで友人とコミュニケーションを取ったりしている。ほかには本や雑誌を読んでいたり、イヤフォンで音楽を聞いていたり、目を閉じて寝ていたり。友人たちと話している人もいるが、ほとんどの人が一人で自分の世界に入っていて周りを見ようとはしない。

周りの状況を気にしている人がいるとしたら、その路線の電車に不慣れで、降車駅を気にかけている人くらいだろう。

では、ほとんどの人間が周りを気にしないのを不思議に思っている人はいるのか。もちろん、いない。いるとすれば、それは外国からやって来た人間だけだろう。

「ミスター・アズマ、日本人はよく電車の中で平気で寝ていられるね？」

日本に来た外国人にこう聞かれることがある。

海外では電車の中で寝ていようものなら、カバンや財布を盗まれてしまっても文句は言えない。たとえ公共の乗り物の中といえども、「自分の持ち物は自分で守る」のが不文律である。彼らは安全と安心がイコールではないことを身にしみて感じているのだ。

前方をしっかり見ることなく、歩道を歩きながらスマホをいじっている状況は、車や自転車が向かってくるとか、人とぶつかるとか、最悪の場合、包丁を手にした不審者が向かってくるとか、そういうことはないだろうという前提で動いているわけだ。

そういう意味では、今の日本は信じられないほどの安全な社会である。

でも、考えてみてほしい……それがいつまで続くのだろうかと。安全な社会に慣れきってしまった人間は、いざ何か起きたときに、対応できないのは自明の理だ。

社会が安全な環境になればなるほど、そこで生きる人間は安全に甘えてしまう、あるいは依存してしまう。安全＝安心と考えることによって、日本人は人間として「フラジャイル(fragile)」、つまり壊れやすく脆弱になっているのではないか。

安全な世の中が続けば、それに慣れた人間は精神が脆弱になり、いざ何か起きても対処する術を持つことができないのは当然だ。安全な社会が永遠に続くのであれば問題はないが、そんな理想郷みたいな世界はただの幻想でしかない。

◆安全な環境に甘えるのをやめよう

ここで見方としては、二種類がある。

「それでは危ないではないか」と「だから平和でいいじゃないの」だ。

前者であれば救いはあるが、後者は〝われ関せず〟で、自分だけ良ければいい、危機は全部、他人事として考えているということで、これは大きな問題だ。

いざ何かしら危機が起きても自分は大丈夫という、まったくもって根拠のない平和主義に毒されているとしか思えない。そこに本当の危機がある。もし、そこで何か起こったときに、結局、自分自身のことだけに集中しているわけだから、対処できない。

今、日本が国際化して、これだけさまざまな国の人間がやってきている。労働者として、あるいは観光客として日本に来ている。

彼らがすべて善人であるという保証はない。世界中から民族も宗教も価値観も違う外国人がやって来ているにもかかわらず、現実の日本人の行動を見ていると、彼らと積極的に関わろうとする人間はいない。それはそうだ。周囲の日本人とも関わろうとしない日本人が、ましてや外国人に対して注意を払うことなどするわけがない。

この状況をどう見るか？　テレビや新聞のニュースでは、コンビニ強盗やＡＴＭ強盗など、外国人が起こした犯罪が毎日のように報道されている。しかし、実際問題として「犯罪白書」などの統計を見ると、外国人の数が増えているからといって外国人が起こした犯罪が極端に増えているわけでもない。

もちろん、日本にやって来る外国人のほとんどは善良な人たちである。しかし、日本人は彼ら外国人のバックボーンを知ろうとしているだろうか。それこそ、民族的、宗教的に裏打ちされた慣習や禁断事項などがある。そうした〝違い〟があるのを知った上で付き合おうとしているだろうか。僕にはそうは思えない。

大事なことは、「安全だから大丈夫」と安心して考えることを止めてしまうのではなく、「本当に安全なの？」と疑う視点を持って行動することだ。

一つの状況に置かれた場合、大して考えることなく勝手に結論を出すのは思考停止状態に陥っている証だ。まずは、それが本当のことなのか疑って、見る角度＝視点を変えて考えてみることが大事なのだ。

「だから大丈夫」と考える人、つまり日本は安全な社会だから安心であるという〝お花畑〟的な平和幻想に浸りきった人は、いざ何か起こったときには、警察、行政、あるいは輸送機関にすべての責任を負わせるのか。それは、いわゆる他力本願の考え方である。

何でも主張するばかりで自分からは行動しようとしない、これまた日本人の特質でもある。誰かがやってくれるから大丈夫、警察が守ってくれるから大丈夫、お役所が守ってくれるから大丈夫という考え方だ。そこには、自分で自分の身を守るという考えはない。

それこそ、ドラえもんがいれば、のび太の日常は順風満帆。永遠に安全な世の中でのび太は安心して生きていけるのである。

しかし、警察だって、お役所だって万能ではない。何かが起こったときに、その責任をすべて他人に負わせるのは、そもそもおかしなことであると気づかないといけない。大事なことは、何か起きたときに自分自身としてどうしたらいいかを探していくことだ。

◆あなたは危機に対処できるのか？

二〇一五年初夏にこんな陰惨な事件が起きた。

六月三〇日の午前一一時半頃、神奈川県小田原市を走行中の東海道新幹線のぞみ二二五号の一号車の最前列座席付近で、老人がガソリンをかぶって焼身自殺をはかったのだ。

新幹線の車内で焼身自殺をはかるなど、前代未聞の出来事であったことから、世間は騒然とした。この事件で、自殺者とは何の関係もない横浜市青葉区に住む整体師の女性が巻き添えになり、煙を吸い込んで亡くなられたほか、乗客二六人が救急搬送された。

一号車の前から三列目までの座席が凄まじく燃え上がり、消火後の座席はアルミ製の骨組みがむき出しになっていたという。床を覆っている塩化ビニール製のシートや樹脂製の窓なども高熱で溶けていたそうだ。この事件により、ＪＲ東海は四三本の新幹線の運休を余儀なくされ、乗客約九万四〇〇〇人に影響が及んだ。

自殺したのは東京都杉並区に住む七一歳の独身男性だった。

事件を目撃した人の証言をまとめると次のようになる。

男性は新横浜を出発して数分が過ぎた頃、後方から一号車に入ってきた。そして、通路を二度ほど行ったり来たりしたあと、姿を消したが、しばらくすると再び一号車に戻ってきた。そのときには右手に白いポリタンクを持っており、キャップはすでに外れていて、ピンク色の液体が漏れていたらしい。

この事件について僕が思うのは、周囲の人間は何をしていたのだろうということだ。ニュースを見ている限りでは、事件が起きた際、最も近い場所にいた人たちがどう思い、どのように行動したかは伝わってこない。詳しい状況は分からないが、基本的にはみんな一目散に逃げるだけであったのではないだろうか。もちろん、そこで何かできることもあったかもしれないし、何もできなかったかもしれない。

では、今後、似たような状況が起きた場合にどうするか？

それを推論すると、「二度とああいう状況をつくらないでほしい」と運送会社（この場合はJR東海）や、管轄官庁である国土交通省に訴えるところまで行き着くに違いない。

もし、今後も同じような問題が起こったら、おそらく「必ず改札で荷物をチェックしろ！」という動きになっていくと考えられる。極端な例としては、新幹線に乗る人たちも飛行機に乗るのと同じように徹底的な検査をされるようになることだ。

あるいはまた、アメリカの航空業界が航空保安官を飛行機に乗せているように、鉄道警察隊の隊員を新幹線一編成に一人乗せるという方法もある。しかし、これなどはいったいどれほどの人材が必要なのか考えただけで恐ろしいというものだ。

そんなことは多くの人たちは望んでいないし、数分おきに発車している新幹線の乗客全員の荷物チェックをするなど不可能といっていい。新幹線に警察官をつねに搭乗させるのも至難の業だ。しかし、こうした事件が続けば、最低限、飛行機と同じようにペットボトル飲料などの持ち込みが禁止されるかもしれない。

多くの国民にとっても、そんなことをやられたら大変だという思いがある。だからといって、新幹線の改札で持ち物をチェックするかというと、そこまでは無理だということになるはずだ。結局、現実的な対応策として、駅員あるいは乗務員が不審な持ち物はないかどうか調べる程度で、あるとすれば監視カメラの設置くらいだろう。

自分の直感知に従って行動しよう

◆安全を第三者に委ねるな！

だが、本当にそれでいいのだろうか？

仮に荷物チェックが最終的に実施されるとしたら、日本人は日本人らしい几帳面さと技術力を発揮して、高いハードルをクリアしてしまうかもしれない。きわめて短時間で新幹線内を掃除する女性チームの勤勉さと正確さが世界の話題になっていると報道されたりするが、それと同様、日本人が誇る優秀さを駆使して新たなチェックシステムを構築するかもしれない。

しかし、僕が最も論じたい問題点はそこではない。

新たな安全システムの構築を行政および輸送機関に任せてしまうこと、安全システムが新構築されたことで、ますます日本人が危機に鈍感になってしまわないかということ。この二点だ。

そもそも、危機管理において大事なことは、問題解決を他者に求める……この場合は行政、企業に任せておくという他力本願的な解決法ではなくて、自分がそういう状況に直面したときにどうしたらいいかという点だ。そこが一番問われているのだ。しかし、現実的には、

「何とかしてよ、国交省の役人さん！」

「鉄道会社さん、何とかしてください！」

というように、結局のところ他力本願、第三者に解決の糸口を丸投げして終わりではないかと思えてならない。いざというときに自分たちがどういう行動をすべきなのかという最大の問題点は不問に付されたままである。


この事件が起きたあと、僕は知人や学生たちに、もし、同様の事件が起きたらどうしたらいいと思うか聞いてみた。すると、いろいろな答えが返ってきた。

「自殺するなら別のところでやってもらいたい。無関係の人間を巻き込むな」

多くの方々はそう言っていた。

「今後は荷物の検査が重要になるだろうが、それをすべてやるのは難しい」

前述したように、そういう声ももちろん多かった。

違う見方として、「同乗者は何をやっていたのか？」という声もあった。

先ほど僕も述べたようにこれはいい見方だ。もし何か変な物を持っている人間を見かけた場合、あるいは、その人が不審な行動を取った場合、何かできることがあったのではないか？　そう考えることは危機管理において必要な視点である。

しかし、残念なことに今の日本社会ではその視点は少数派だ。自分は関係ない、誰かがやってくれるという考え方が蔓延しているのだ。それこそが戦後において問題とされるこの国の脆弱性である。

どんなときでも、何が起きるか分からないのだから、いざ事が起きたときに慌てずに済むような対処法や自分なりの行動基準を決めておく。それが危機管理の第一歩である。一番身近な危機管理もできないような日本人に、集団の、共同体の、そして国の危機管理システムなど構築できるはずがない。

それが現代日本に危機管理システムが根付かない一番の原因なのだ。

ああいった警鐘を鳴らすような事件が起きても、今後に備えて対策を検討する機会はほとんどない。日本人は特異な事件から何らかの教訓を得るでもなく、早々と次に起こった事件に注目する。次から次へと事件を渡り歩くワイドショーのような人間ばかりだ。

日本社会のワイドショー化は言われて久しいが、ワイドショーが次から次へと新しい事件を追いかけるように、あるいは、「喉元過ぎれば熱さ忘れる」のことわざ通り、過去の事件はなかったことのように忘れ去られて終わりである。

日本人のこの〝熱しやすく冷めやすい〟性格も危機管理システムが根付かない大きな理由ではないだろうか。

◆命懸けの現場にいれば脳は活性化する

僕はこの新幹線焼身自殺事件のニュースを耳にして、二八年前の出来事を思い出していた。この原稿を書いている今も、シリア難民の問題が世界中を騒然とさせているが、その年、僕はトルコの首都アンカラで、UNHCRの地域事務所のプログラムオフィサーを務めていた。

事務所にはフセイン政権下のイラクを逃れてくる人たちが次々と押し寄せ、難民として認定してほしいと頼んでくる。我々はその人たちの政治的、民族的な背景を徹底的に調べて、難民として認定できるかどうかを判断するわけだ。

難民と認定されれば第三国での定住地が決まるまで生活費を支給する。そうでない人には残念ながらできることはあまりない。

そんな中、イラクから来たある男性とその一家を僕は担当した。その男性のバックボーンをいくら調べてみても、難民として認定できるような迫害や弾圧はいっさい受けていないことが確認できた。その結果、苦渋の判断ではあるが、難民認定はできかねると返事をした。

するど、その翌日、彼は自分の妻を含む一族郎党七人を連れて事務所にやって来た。そして、口を開いてこう言った。

「ミスター・アズマ、難民認定してもらえないと、私たちは生きていく希望がなくなる。国には戻れない！」

言い終えるや否や、持っていた軽油のような液体を体にかけだした。自分だけでなく、家族にもかけ始めた。そして、おもむろにライターを取り出して火を点けようとした。

これにはさすがに僕も驚いた。しかし、口を開けて驚いている余裕はない。

すぐに自分にできることをしなければならない。そう考えた僕は、近くを見渡して置いてあった毛布を素早く取りに行き、それで男の体を包んで火を消そうとした。手にした毛布で男の火が点いたあたりを包むと、幸いにして火の回りはそれほどではなく、僕が手にした毛布で何とか消すことができた。

その後、応急処置を施し、難民認定はできないものの、数カ月分の生活費を彼に与え、納得して帰ってもらった。

また、あるときなど、自分だけでなく僕がいた事務所の廊下や階段にまで軽油をまいて、火を点けた人もいた。そのときは幸いにして廊下の壁が少し焦げただけで、本人も手に少しのやけどを負っただけですんだ。

当時の僕の職場では、そんなことが日常的に起こっていた。だから、自然といざというときの備えを考えるようになり、いつしか危機管理を考えるようになったのである。

◆大事なのは自分の判断で行動すること

また、難民をトラックに乗せて移動する際にはこんなことがあった。

場所はホンジュラス。難民キャンプにいる隣国ニカラグアの人々を、情勢が安定した故郷に戻すため、国境地点まで送り届けるオペレーションに僕が責任者で関わったときのことだ。

トラックを数台雇い、荷台に難民を乗せて険しい道を走っていった。しばらく走ると、トイレ休憩をすることになった。その際、ほとんどの難民は自分自身で降りてもらったのだが、ある一人の女性が降りることを躊躇しているのが目に入った。

彼女は自分一人では降りられずに困っているようだった。手助けしようと近づいてみて驚いた。彼女の皮膚は象の肌のようにどす黒く、かさかさになっていた。そんな状態の人は初めて見たが、おそらく何かの病気のように思われた。

正直な気持ちを言えば、手を差し伸べることに躊躇したのは事実だ。

「伝染病かもしれない。うつったら死ぬかもしれない」

そう思った。しかし、僕は責任者だった。引き下がるとか、誰かに代わってもらうという選択肢もあっただろうが、それは責任者としてふさわしい行動とは思えなかった。

〝やるしかない！〟

僕は意を決して、彼女を両手で抱いて降ろしてあげた。すると彼女は、僕に笑顔を見せて木陰のほうに歩いて行った。その直後、僕の助手のスペイン人ドクターがやってきた。

「ショウゾウ、伝染病だと思った？　あれは違うから大丈夫よ」

僕は安心して胸を撫で下ろした。

何かをやろうとすれば、必ず決断を必要とされる事態が訪れる。決断は、些細なものから重大なものまでさまざまだし、その結果が凶と出るか吉と出るかも分からない。それでも、決断を必要とされる事態であることに変わりはない。

そういった際にどうするか……それを学校の中で教える機会はまったくない。今では地域のコミュニティーも崩壊しているから、学校の外で教わるわけにもいかない。

おそらくすべて自分で考えるしかないのだから、しっかりと考える必要がある。

◆つねに頭を働かせておこう

自分がその事件の渦中に置かれたらどういう行動をとるか？

何度も言っているように、そう考えることはきわめて重要なことであり、つねに最善の策を考えておくこともとても重要なことだ。

たとえば、新幹線焼身自殺事件において、目撃者の証言を聞く限り、自殺者の男の行動がスピーディーであったような印象は受けない。男が手にしていた液体は、そのにおいから燃焼性のオイルであることは察知できたはずだ。仮にオイルだと分からなかったとしても、液体を自分の体にかけるという行動そのものが尋常ではないし、ライターのようなものを取りだしたら、すぐにでも止めないといけない状況だ。

もちろん、男が若くて屈強そうな体格をしていれば、止めに入ろうとするのに躊躇があるのもわかる。しかし、男は七〇歳を超えているのだ。

おそらく周囲の人間は誰も行動を起こすことなく、彼が火を点けて、体が燃え出してからようやく気づいたのではないか。男の行動の一部始終を見ていても、まさか焼身自殺を遂げるなど、夢のまた夢としか思っていないに違いない。男の体が炎に包まれてようやく、「これは危ない、逃げないと大変なことになるぞ!」という結論に至るわけだ。

これがテロと隣り合わせの欧米であれば対応は違っていたのではないか。

鼻を突くオイルのにおいをかいだ時点で老人の行動に注目し、ライターを取り出したらすぐにそれを奪う。もし、彼がすばやく火を点けてしまったのなら消すしかない。

その際、火を消せるような毛布、あるいは毛布に代わるものがあるのか、ないのか。窓のカーテンを取り払ってかけるのもいいかもしれないし、ハンガーにかけてあるジャケットなどを手に取って彼を包み込むのは一つの方法かもしれない。

考えれば何かあるはずである。しかし、何度も言っているように、考えることに慣れていない人間が、いざというときに事態の変化に対して即座に考え、行動することができるはずがない。逃げること以外、頭に浮かばないであろう。

安全性のバイアスから解き放たれよう

◆安全性のバイアスとは何か？

このように、日本人は目の前の危機をボーッと見ていることが多い。それはなぜか？日頃からテレビや新聞などで事故、事件、災害、惨劇のニュースを見たり、読んだりしていて、惨劇は日常的に存在していると知っているはずなのに、多くの人間は「自分の身には起こらないだろう」と想定しているからだ。

それこそが安全と安心がセットになった世界であり、それを危機管理の世界では「安全性のバイアス」と呼んでいる。

自分自身の周りは安全だ、自分自身に危機は起こらないと、なぜかみんなが思っている。逆に考えれば、結局、最終的に自己責任でやっていくしかない。それを自立性と呼び、自立性があるかどうかが問われているのだが、日本人はまったく自立性を失っている。

自分だけは大丈夫というバイアスがかかった状態……もちろん、それは根拠のない自信で、新幹線焼身自殺事件や、通り魔事件、車の暴走事件のように、いついかなるときに生命の危機が訪れないとも限らない。

日本人の多くは、日本が安全な社会で、だから安心な国だと認識しているが、決してそうとは限らない。この焼身自殺事件に似ていると言えなくもない、何ら関係のない人間がたまたまそこに居合わせただけで犠牲者となった事件・事故はたくさん起きている。

・三菱重工ビル爆破事件：一九七四年八月三〇日午後、東京都千代田区丸の内の三菱重工業東京本社ビル（現・丸の内二丁目ビル）で発生した無差別爆弾テロ事件。死者八名、負傷者三七六名。

・新宿西口バス放火事件：一九八〇年八月一九日夜、東京都新宿区の新宿駅西口バスターミナルに停まっていた路線バスの車両が放火された事件。死者六名、負傷者一四名。

・地下鉄サリン事件：一九九五年三月二〇日朝、東京都の帝都高速度交通営団の丸ノ内線、千代田線、日比谷線でオウム真理教が神経ガスのサリンを散布した同時多発テロ事件。死者一三名、負傷者六三〇〇名。

・武富士弘前支店強盗殺人・放火事件：二〇〇一年五月八日朝、武富士弘前支店に強盗目的で押し入った男が店内にガソリンの混合油をまいて放火、逃走した事件。死者五名、負傷者四名。

・大阪池田小児童殺傷事件：二〇〇一年六月八日朝、大阪教育大学附属池田小学校に凶器を持っ

た男が侵入し、児童を襲撃した事件。死者八名、負傷者一五名。

- 秋葉原通り魔事件：二〇〇八年六月八日午後、東京都千代田区外神田で発生した通り魔殺人事件。死者七名、負傷者一〇名。
- 京都祇園軽ワゴン車暴走事故：二〇一二年四月一二日朝、京都府京都市東山区祇園で軽ワゴン車が暴走事故を起こした事件。死者八名、負傷者一一名。
- 亀岡市登校中児童ら交通事故死事件：二〇一二年四月二三日朝、京都府亀岡市篠町の京都府道四〇二号王子並河線で、亀岡市立安詳小学校へ登校中の児童と引率の保護者の列に軽自動車が突っ込んだ事件。死者三名、負傷者七名。

こうした事件で、何の罪もない大勢の命が奪われた。

ほかにも、通り魔事件や誘拐拉致事件は頻繁に起きており、この原稿を執筆中の二〇一五年八月一三日には、大阪府寝屋川市で中学一年生の男女が殺害、遺棄されるという悲惨な事件が起きた。

この事件では、殺された二人が朝の五時に商店街をぶらついていたことが話題になった。一〇〇パーセント悪いのは犯人であり、被害に遭った少年少女とその家族を責める意図は毛頭ない。しかし、夏休みとはいえ中学生が朝方まで外で過ごすというのは、いかに日本人が安全神話を盲信しているか、ということの証ではあるまいか。

これが、外国であれば、親は子どもに口を酸っぱくして言っていることだろう。

「夜中に子どもだけで出歩くな！」

親は子どもにさんざん言い聞かせ、子どもも言いつけを守るというのが常識だ。それを破って出ていくのは自己責任の範疇であり、チンピラやギャングの仲間入りをしたい愚か者と見られるのが、外国での一般的な見方である。

もし、早朝のそんな時間に外にいなければ、二人が事件に遭遇しなかったであろうことは明白である。どんな事情があったのか分からないが、死ななくてもいい命が奪われたことを考えると、悔しくて仕方がないのも事実である。

◆過剰防衛が人間の感性を麻痺させる

こうした悲惨な事件が起きるたび、社会は再発防止のために策を講じる。というよりも、実際は「再発防止」という言葉が乱舞する。

前述した池田小の事件が起きるまで、学校の校門はほとんど一日中開いていたものだ。事件が起きてからはしっかりと閉められるようになったし、街中で不審な事案が起きれば、インターネット上に情報を発信するサイトもある。また、商店街やスーパー、コンビニエンスストアなどには監視カメラが設置されているのが常識となった。

そうした環境に甘えているわけではないだろうが、学校やスーパー、商店街の防犯体制が整う一方で、個人の側の危機管理意識は変わっているとは言えない。いや、変わってはいるのだろう。その一面が、家の外ではコミュニケーションを絶つという方法だ。

「知らない人から声を掛けられても、絶対について行っちゃダメよ」

昔からそう言われていたものだ。寝屋川市の事件なども、二人がこの言葉を肝に銘じていれば起こらなかった事件のようにも思える。もちろん、犯人に刃物をちらつかされて強制的に連れ去られた可能性も否定できないが……。

ところが、こうした防犯システムに日本人の集団意識は過剰反応する。

昔は「人と出会ったら挨拶をしましょう」がコミュニティーの合言葉だったものが、今では子どもに道を聞いただけなのに不審者扱いされるような事態さえ起きている。マンションなどの集合住宅では一、二軒隣くらいまでの住人しか顔が分からず、入り口や廊下で出会った人が住民かそうでないかの判断もつきにくい。

昔は地域に異分子が侵入してきたらすぐに分かったものだ。

話は飛ぶが、昔は地方の方言、つまり「訛り」もよそ者かそうでないかを判別する手段になっていたという。幕府、あるいは敵対する近隣の藩からのスパイを見分けやすいようにとの意味合いもあったと聞く。藩を越えて行き来することが簡単ではなかった江戸時代まで、「訛り」はよそ者を判断する大きな手段の一つだった。

そういう意味では、訛りも日本人が自然と生み出した立派な危機管理だったのだ。

今の世の中ではそもそも話さないのだから犯罪者はもちろんのこと、よそ者かそうでないか判断する手立てもない。

こうした世の中では地域の共同体＝コミュニティーが存続できるはずもない。ますます個々人、あるいは家庭の孤立化が進行していくだけだ。安全はすべて第三者任せになっているような、こうした社会が危機に対して強いわけはなく、コミュニティーの脆弱性があらわになっていくだけではないのか。

では、事故が起きたとき、あるいは起きそうになったときにどうすればいいのか？

こうした事件が起きたときに、再発を防止する意味でも、対処する際にも、国や自治体、あるいは企業に対して予防策を取るよう促す行為は必要だ。と同時に、自分自身として、事件が起きたときにどうしたらいいかを自分たちで模索していく。この二つの側面から危機管理を考えていくのが重要なことだ。

その際、責任をすべて他人＝第三者に負わせるのはおかしいと考えておかないといけない。一番大事なことは、どうしたら危機を回避できるか、あるいは危機に対処できるかを〝考える〟ための思考回路である。

対処法は第三者に対して解決策を求める方法と、自分自身の責任として解決策を求める方法の二つに分かれる。

しかし、どうも今の日本社会は何でも自分は悪くない、国、自治体、企業の第三者が悪いという傾向になりがちである。思考停止した自分を認めず、相手のせいにしてしまう。

事件が自分で蒔いた種によって起きたか否かは別として、いずれの場合でも、後者で考えることが共同体のためになるという意味では当然であるし、そうした思考回路で考えることが、自分の人生にもプラスになるのは明らかではないだろうか。

問題は起きないのではなく、必ず起きるものとして考える。

そういうことが起きる可能性があるかもしれないと考えるか、何かが起きるとしても自分たちとは関係ないと考えるか、二つの考え方で言えば、前者で考えることが必要だ。

自分の周囲にもいつか必ず危険な事件が起きる……自分がその場に置かれたときにどういう行動を取るかを考えておくと、いざというときに役に立つ。

それだけは間違いない事実だ。

◆自分なりの危機管理システムを持つ

ここで、「Ｉｆ」を考えてみる。

仮に、新幹線焼身自殺事件の〝先〟を仮定するならば、テロリストが現れて車両をジャックするという事件が今後起きないとは限らない。そのときの対策を、鉄道会社、および鉄道会社を管轄している行政だけに任せておいていいのかという問題もある。

一にも二にも問題なのは、行政は現場を知らないことだ。しかも、焼身自殺した一人の人間を特異な例として除外してしまい、そこから、「もし、テロリストだったらどうするか？」というＩｆ（事例）を想像する力もない。

「事件は会議室で起きてるんじゃない、現場で起こってるんだ！」

これは昔流行った映画のセリフだが、今もまったく変わらない。

大事なことは現場で起きているにもかかわらず、判断をする偉い人は机でふんぞり返って現場を知らない。しかも、縦割りの行政でぶつ切り対応なのだ、日本という国は。

ただし、そこで対応策が完成したとしても、それもまた日本人の劣化を促す結果にしかなりえないのではないか。そこで得られた安全に甘える日本人の図式からは一歩も踏み出すことはない。僕にはそれが不思議なのだ。

「焼身自殺とテロは別だから考えても仕方がない」

紋切り型にそう言い切ってしまうと、そこから想像力は生まれないし、対処する力もなくなってしまう。まさにデッドエンドの思考停止状態である。

社会というものは個との関わり合いの中で、周囲のいろいろなところで危機が起きる可能性があるにもかかわらず、それをすべて行政や何かに任せてしまう。

残念なことに、おそらく日本企業には、自分の会社はトラブルにはまず遭遇しないという不可思議な前提があるのだろう。

しかし、二〇〇五年四月二五日に福知山線で死者一〇七人の大規模脱線事故を起こしたＪＲ西日本。あるいは大事には至っていないものの、二〇一三年九月に起きた函館線での貨物列車脱線事故以来、レール幅異常の大量放置などが次々と発覚し、二〇一五年四月には青函トンネル内で走行中の特急列車から煙が発生して乗客が避難する事故を起こしたＪＲ北海道。両社とも、以前からその経営体質を非難され、体質改善に励むとしながらもなかなかその兆しは見えない。

それがいつかは大事故につながるのである。

まったく晴天の霹靂というわけでもないのに、いざ大事故が起きるまでは、自分の会社は大丈夫……そう思っているのが日本の会社なのだ。コンプライアンス、コンプライアンスと口では唱えながらも、それが根付いていない。

危機管理も同じである。リスク・マネージメントを唱えて、社内に危機管理室を作ったところで十全に機能するはずもない。

もし、そういう状況になったときにどうすればいいのか？

我々としては何をしなければならないのか？

「最悪の事態を想定して」と口では言いながら、その最悪の事態なんて来るはずがないと心の底では思っているのだ。だから、最悪の事態に身を置いてみるという発想が出てくるはずがない。

そこから一歩進んで、安全性のバイアスという〝殻〟を破って、自分ならどうするかという危機管理システムを自分の中にインストール（取り付ける）しておくことが大事なのである。

第四章　日本社会に根付く甘えの構造

――不祥事に明け暮れる日本の企業社会

日本の企業社会に見る甘えの構造

◆度が過ぎた親切が行き渡った社会

何度も繰り返すが、今の日本人は危機に対して本当に鈍感になっている。

しかし、本当に鈍感ならば、鈍感であることを認識すればいいだけのことだ。

ご存じのように、トヨタに見られるように日本の製造業で有名な言葉の一つが「改善」であり、今では「ＫＡＩＺＥＮ」は世界共通語になっているほどだ。

日本人は悪いところが見つかれば、つねに改善する民族であり、改善は得意中の得意である。

しかし、残念なことに、今のところ危機に鈍感だということの認識がまずない。このことを自覚するためには、まずは日本人がいかに危機に鈍感になっているかを示す問題提起をする必要がある。

それは街に出て少し周囲を見渡してみればすぐに分かることだ。

朝、家を出ようとすると、テレビの天気予報で、「今日は雷雨になるかもしれません。傘を持っていったほうがいいですよ」と、今日起きるであろう〝リスク〟に対して、詳細な処方箋まで教えてくれる国はない。

電車に乗れば、降りる駅を間違えないように、「次の駅は○○○○です」と車内放送のみならず、ちゃんとドアの上にある液晶表示板で標示してくれる。新幹線や特急など、長距離列車に乗れば、駅が近づくと「お忘れ物のないように」「不審物に気づいたらすぐに連絡してください」などとアナウンスしてくれる。こんな国は聞いたことがない。それはそれは親切な国である。

もちろん親切に感謝する心も大事だが、その一方で、こうした過度の丁寧さが何を意味しているのかを考えて欲しい。つまり、それだけ日本人の危機意識が低くなっていることを示唆しているのだ。

おそらく、日本ほど安全な先進国はない。それでは、安全の反対語は何かといえば、危険、危機、冒険、賭け……そうした不安定な状況を指す言葉である。ということは、今の日本人には危険や危機、冒険心や賭けといった不安定なものに対峙する精神が鈍くなっている、あるいはなくなっていることを意味しているのだ。

安全神話、安全志向も最初は消費者に対する思いやりから出発しても、そこから先は〝限度〟が分からなくなっていく。まるで余計なおせっかいのようなものだ。

さらには近年、ＰＬ法（製造物責任法）などの制定もあって、企業はいざというときの責任を取りたくない。その結果、至れり尽くせりになってしまった。企業側の自己防衛責任がエスカレートして消費者を甘やかすことにつながっているのではないか。

ひと言で言って、「甘えの構造」である。〝ここまではこちらが面倒を見るけれど、ここから先は自己責任にしてください〟という境界線がなくなっている。

安全と危険は表裏一体、紙一重の存在である。

つまり、これがあるから安全だと思ったとき、なぜ、それがあるのかという〝根本〟を考えてみると、そこに危険が存在していることが分かる。そのとき、安全策がなかったとしたら、果たして自分はどう行動するか？　それを考えることが重要だ。

◆企業の謝罪会見の茶番劇

自己防衛責任という点では、現代の多くの企業はあらゆる方法を駆使して自社に損害が出ないように気を配っている。しかし一方で、食品偽装事件やリコール事件などの不正事件もあとを絶たない。

ある会社が不祥事を起こしたとき、会社の幹部がテーブルの向こうに一列に並んで頭を下げる。よく見る光景だ。しかし、彼らは誰に対して頭を下げているのだろうか？

謝る相手は被害者なのか、消費者なのか、あるいは汗水垂らして働いている社員なのか。それとも、今も威張っている歴代社長に対して、問題がついにバレてしまって申し訳ないと謝っているのもしれない。

いずれにしても、ニュース番組を見ている限りではまったく分からない。謝罪し、紙に書かれたコメントを述べて終わりである。記者が質問をしても、弁護士に入れ知恵されたのかどうか分からないが、型通りの回答に終始し、心からの回答にはなっていない。

謝罪の仕方も、まるで水泳のシンクロナイズドスイミングのように、見事に横一列に揃っている。危機管理コンサルタントの話によれば、頭を下げる角度まで決まっているらしい。

企業の謝罪会見で懐かしく思い出すのは、雪印乳業（現・雪印メグミルク）の会見だ。二〇〇〇年夏、近畿地方を中心に雪印乳業の乳製品による集団食中毒事件が発生した。最終的に被害者総数一四〇〇〇人を超える戦後最大の食中毒事件となった。

その謝罪会見の最後に起きた意外なシーンは日本中に話題を呼んだ。記者会見場を去ろうとした石川哲郎社長（当時）は、エレベーター付近で会見の延長を求める記者団に迫られて押し問答が始まった。すると石川社長はこう怒鳴った。

「そんなこと言ったってねぇ、私は寝ていないんだよ！」

素直な心情を吐露しただけのことだろう。しかし、その瞬間も被害者は苦痛にあえいでいるわけで、「寝ていない」で終わりになる話ではない。それに、続く言葉がない。案の定、その言葉が一人歩きして、石川社長には非難が集中した。

その後、雪印グループの製品は日本全国のスーパーから撤去され、グループ会社全体の経営が悪化していった。そこに追い打ちをかけるようにグループ会社の一つ、雪印食品の牛肉偽装事件が発覚し、結果として雪印グループは解体・再編を余儀なくされた。

◆謝罪会見に現れる人間としての器

一方、一九九七年に約二七〇〇億円もの不正会計（損失隠し）が発覚し、最終的には自主廃業の道を選んだ山一證券の最後もまた印象的だった。山一證券と言えば、野村證券、大和證券、日興證券（現・SMBC日興証券）と並んで「四大証券会社」の一つと呼ばれていたほどの名門証券会社である。

同年一一月二四日、東京証券取引所で野澤正平社長（当時）は記者会見に臨んだ。約二七〇〇億円の不正会計は過去二代の社長（逮捕済み）によるもので、野澤氏は社長就任後にその事実を知って驚愕したという。

「みんな私ら（経営陣）が悪いんであって、社員は悪くありませんから、どうか社員に応援をしてやってください。優秀な社員がたくさんいます、よろしくお願い申し上げます。私たちが悪いんです。社員は悪くございません」

野澤氏は頭を下げて号泣した。この姿はテレビで大々的に放送されて話題を呼んだ。

後に野澤氏は、このとき流した涙の意味を「在籍する七七〇〇人の従業員、関連グループ会社を含めて一万人、さらに彼らの家族を含めた三万人が路頭に迷う。何とか助けてもらいたいと訴える涙だった」と述懐した。

野澤社長の誠実さにあふれた謝罪会見によって、山一證券の社員には世間の同情が集まり、全社員が応じても余りある求人が集まったという。

不祥事の際の対応に必要なものは何か？　二社の対応を比べてみると、結局は人としての器、あるいは人としての覚悟に尽きるのではないだろうか。

最近では、業績低迷が話題になっているマクドナルドのサラ・カサノバ社長の対応が記憶に残る。すぐに謝罪しないという彼女の対応はアメリカ流なのかもしれないが、日本的風土における危機管理という点から見ると、お粗末なものだったとしか言えない。

二〇一四年七月、中国・上海の食品加工会社において消費期限切れの肉を使用していた事実が報じられ、これを日本のマクドナルドが納入していることが判明した。マクドナルドは仕入先を中国からタイの食品加工会社にすべて変更することを公表した。

だが、カサノバ社長は問題発覚後も約一〇日間にわたって謝罪会見を開かず、決算会見のついでのように陳謝を行った。危機管理の本場アメリカ生まれの企業でありながら、この対応は事態を甘く見ているとしか思えず、首をかしげざるを得ない。

結果としてマクドナルドは「商品の安全性を軽んじている」との印象を世間に与えた。この対応の遅さは飲食業にとっては致命的である。

しかも、会見でカサノバ社長は「マックは騙された」と訴え、被害者を装ったのである。騙されたかどうかはマクドナルドと中国の食品加工会社との問題であって、消費者には関係ない。たとえ騙されたとしても、消費期限切れの肉を食べさせられた消費者にまずは謝罪するのが筋だ。

当然のごとく、この発言は消費者からは言い訳、責任転嫁と受け取られ、謝罪の気持ちはまったく伝わらなかったのである。

さらに、同年冬から翌年にかけて、日本各地のマクドナルドで、人の歯やアクセサリーの欠片やプラスチック片などハンバーガーへの異物混入事件が相次いだ。マクドナルドは謝罪会見を開いたが、この会見にカサノバ社長の姿はなかった。

カサノバ社長が正式に謝罪したのは、これまた東京証券取引所で開いた二月五日の決算発表会見の席だった。

「お客様に多大なご迷惑をかけた」

次々とあらわになった異物混入トラブルについて謝罪したが、トラブル発覚時のこうした初動対応のまずさは数字に表れている。日本マクドナルドの二〇一五年一月の売り上げは前年同月比三八・六パーセント、二〇一四年通期連結決算で過去最大の二一八億円もの大赤字となったのである。

不祥事が起きた際に謝罪するのは当然として、問題はその次、つまり二の矢である。ここでフォローできるか、それとも傷口を広げてしまうのかが決まる。マクドナルドのカサノバ社長はここで失敗を犯した。明らかに「自分には問題ありません」と言ってしまったのだ。これは大きな問題であった。

もちろん、カサノバ社長は日本人ではない。

だからと言って見過ごすことはできない。今、日本の会社にどれほど外資が参入しているのか。たとえリスク・マネージメントの本場アメリカからやって来たとしても、日本の風土を読めない経営者の言いなりになっていたのでは、傷口をますます広げる結果になる。そのいい見本なのではないだろうか。

東芝ショックに見る日本社会の闇

◆東芝の粉飾事件にみる強欲な品性

そんな中、またもや大企業の謝罪会見があった。

二〇一五年七月、日本を代表する電機メーカーの東芝で一五〇〇億円を超える巨額の粉飾事件が発覚したのだ。

第三者委員会の調査報告書によれば、東芝は二〇〇八年四月から二〇一四年一二月までの約七年間で合計一五一八億円の利益を水増ししていたという。東芝の自主調査分四四億円と合わせて、一五六二億円もの巨額の利益水増しである。

第三者委員会は、経営トップらが意図的な見かけ上の当期利益のかさ上げを行っていたと認定し、不適切な会計処理は経営判断として行われたもので、トップ以外の人間が是正することは事実上不可能であった、とまとめている。つまり、歴代トップが主導した組織ぐるみの巨額粉飾決算事件だと認定したのである。

事件が発覚したあと、東芝は田中久雄社長と前社長の佐々木則夫副会長と元社長の西田厚聰相談役の三名の辞任を発表した。

しかも、第三者委員会の報告書には、中間決算直前の社内会議で田中社長がパソコン事業部に対し、「残り三日で一二〇億円の利益を出せ」と迫ったと書かれていた。また、テレビなど映像事業部には、「チャレンジ」と称する収益改善目標の必達を要求し、社長月例会議で「できないなら辞めてしまえ」と部門長を罵倒したという。

これまでいろいろな粉飾決算事件、不正会計事件があったが、日本の戦後復興を支えた重厚長大産業の一つ、東芝がそんな事態になっていたとは大きな驚きだ。

この東芝の巨大粉飾事件は何を意味しているのか。

コーポレートガバナンス（Corporate Governance＝企業統治）改革は安倍政権が唱える成長戦略のトップバッターであった。二〇一五年六月三〇日に閣議決定した成長戦略「日本再興戦略改訂２０１５」でも、企業統治を強化することで〝稼ぐ力〟を引き出す企業行動を促す政策を重要視してきた。

それが実行段階に入った矢先に東芝事件が起きたのだから大きな問題だ。

しかも、東芝は二〇〇三年に業務執行と監督機能を分け、経営の透明度が高い委員会等設置会社に移行するなどコーポレートガバナンスにおいて最先端の会社だった。にもかかわらず、四人の社外取締役は機能せず、経営陣が関与した粉飾事件に発展した。安倍政権の改革が軌道修正を余儀なくされるほどの大事件でもあったのだ。

「冗談じゃない！　お前（経営陣）が一番汚いじゃないか」

これは、この事件を知ったときの僕の感想である。

東芝と言えば、戦後日本の高度経済成長を支えた企業の一つであり、テレビなどの家電から原子力発電までを手がける日本を代表する世界的企業である。その企業の経営陣が〝犯罪〟に手を染めていたのである。

東芝で思い出されるのは、その清貧さで語り継がれる名経営者・土光敏夫氏だ。

「役員は土光さんの墓前で土下座して謝るべきだ！」

九月三〇日に行われた東芝の臨時株主総会は荒れに荒れ、株主からはこんな厳しい声も上がったという。

東芝の社長・会長を務め、経団連会長として行政改革に手腕を発揮した土光敏夫氏。彼の生活は質素で知られ、テレビのドキュメンタリー番組で、夕食にメザシを食べているシーンが放送されたことから、「メザシの土光さん」と呼ばれるなど、大企業のトップを務めたにもかかわらず庶民感覚を忘れていないとして、消費者に支持された。

実際はそのメザシは高価なものだったというオチもあるのだが、夜ごと有名レストランで豪勢な食事を楽しんでいるトップに比べれば、メザシがいくら高くても限度はあるだろう。自宅でメザシに舌鼓を打つ土光敏夫氏の金銭感覚は尊敬に値する。

その東芝のトップが、わずか半世紀後にここまで落ちぶれたのだ。土光敏夫氏も草葉の陰で泣いていることだろう。

◆大本営発表と変わらない日本のマスコミ

そんな体たらくだから、推して知るべしである。

リスク管理、リスク管理と言いながら、日本も、そして日本の企業も、リスクを管理できる社会や組織でないことははっきりしている。

前述したように「大過なく」が歓迎される社会だ。そもそもリスク「管理」ではなく、リスク「回避」社会なのだ。避けてばかりいてはリスクが分かるはずもない。だから、リスクを未然に防ぐこともできないし、リスクが顕現化したクライシスにも対処できない。

安全な環境で満足している限り、本当の安心は得られないと考えるべきだ。真の安心は、リスクを取らない限り得られないし、そのためには時に戦うことも必要だ。

東芝事件にしても、東芝は日本を代表する大企業なのだから、コーポレートガバナンス、あるいは、ＢＣＰ（Business Continuity Planning＝事業継続計画）といった、平時からの備えを一所懸命やっている人がたくさんいると推察する。

しかし、結局のところ、経営陣が「危機管理、危機管理」といくら口を酸っぱくして言っても事件は起きるのだ。なぜなら、言っている側の人間が危機の原因を作っていたからだ。これでは危機管理などできるはずがない。部下に対して危機管理やコンプライアンス遵守を説いているトップ自らが、裏では悪事に手を染めていたのだから。

しかし、一つの疑念は残る。彼らは自覚的に罪を犯していたとしても、その周囲の人間でおかしいと思っていた人はいないのか？

結局、おかしいなと思いつつも、大きな声を上げることなく、〝空気〟に逆らうこともなく、みんな動いてしまっているのだ。

もちろん、日本の一流企業の経営者がすべてそこまで落ちぶれているわけではないだろう。東芝の経営陣だって、全員が悪事に手を染めたわけではなく、山一證券における野澤正平氏のように清廉潔白な役員もいることだろう。そこを間違ってはいけない。

もしかしたら、東芝の上層部にも、「社長、それは違うんじゃないですか！」と言った人間がいるかもしれない。あるいは、社長の命令に反論して、左遷された人がいるかもしれない。そこに僕は期待したい。もし、社長に対して正論を言った人間がゼロだったとしたら、それではあまりにも寂しすぎる。

現実にそうした人たちがいたのかどうか。いたとしたら今、どういう思いをしているのかを僕は知りたい。なぜなら、そこにまだまだ救いがあるからだ。

経営陣、役員に選ばれた人間は、会社を成長させてほしいという社員の思いを託されたはずだ。当然、正当な方法を用いて、である。

ところが、実際は本丸とも言える経営トップによる有価証券の偽造問題が顕在化している。これをどういうふうにとらえたらいいのか?

こうした図式を見て僕は恐ろしい光景を思い出す。それは第二次世界大戦を戦っていたときの軍部独裁である。要するに「大本営発表」だ。負けているにもかかわらず、あいも変わらず「大勝利!」をうたっていた。そのときとまったく変わらない。体質はずっとつながっているのだ。

しかも、大本営発表が行われていたのは東芝内部だけではない。その外側でも同じようなことが起こっている。

それは、この事件に関して、マスコミが「粉飾事件」と呼ばないことだ。僕は先ほどから粉飾事件と呼んでいるが、マスコミは不正会計処理事件と呼んでいる。なぜなのか?

ここには、まさに二重の大本営発表の構図が成り立っている。

そう思っているのは僕だけではない。ある記事の中で早稲田大学法学部の教授がこう言っていた。

「東芝は経営判断として有価証券報告書の虚偽記載など違法な行為を行った。これは明らかに粉飾であり、これを粉飾と言わなければ、『粉飾』は無い。専門家やマスコミが『粉飾』と言わないのはおかしい。何か東芝に遠慮があるのではないか。世間の人々が不審に思うのも当然だ」

東芝と言えば家電メーカーの雄であり、広告、ＣＭなどの宣伝費に年間約三〇〇億円を費やしている。その金額を考慮して、マスコミが自粛して粉飾と言えないのであれば、それは大問題ではないだろうか。三〇〇億円は口止め料ではないのだ。マスコミは誇りを持って粉飾事件と言うべきである。

日本のマスコミの大本営発表は今に限ったことではなく、戦後連綿と続いている。それについては後ほど述べる。

企業の内部にも、そして、世間にも存在している二重の大本営発表から、日本人は一刻も早く脱しなければならない。

◆本音と建て前の二重構造の功罪

もちろん、こうした大本営発表は個人の心の中にも存在している。だからこそ、それが世の中に表出していくわけだ。それが、日本社会の特徴としてよく言われる本音と建て前の二重構造システムだ。

たとえば、戦国時代には武将がいて、幕閣がいて、軍師がいて、徹底的に議論を戦わせていた。「俺はこう思う」「いや、俺は違うと思う」と。そこを大将はしっかり見ていて、「こいつは迎合しているな」「こいつはちゃんと意見を言っているな」と判断していた。

ところが、日本の企業社会にはそれがない。みんな事前に用意した原稿を読んで、自分の言いたいことを言うだけだ。自分のバックにいる人たちの利益を代表して言っておきました、で終わりである。

そもそも、本音が言えない構造とは何だろうか？

本音と建て前は紙一重だったわけで、本来は建て前で「嘘」を言ってはいけない。「嘘」を言わないように建て前をきちんと言いながら、でも実際は若干違うんだよ、というのが本音と建て前であったはずだ。ところが、今は建て前が嘘になってしまっている。しかも、それを聞くと建て前だと分かる。「あ、この人は嘘を言っているな」というのが分かってしまうのだ。

たとえば、何か問題が起きたとき、「このたびは申し訳ありませんでした」と関係者が謝罪するが、僕はテレビの前で彼らに「申し訳ありませんでした」と謝罪されても、いっさい何も感じない。

それが謝罪会見の典型だ。まず謝らなければいけないというマニュアル通りのことをこなしているに過ぎない。まず先に頭を下げるのがありきで、いったい誰にどう謝るのかをまったく考えていない。それを国民は肌感覚で分かってしまうのである。

謝罪のマニュアル、つまり、危機が起きたとき、それをどのように人々に「謝罪」するかということは重要だろう。しかし、実際にはどんなことが起こるかは誰にも予想できない。それが危機管理の現実だ。大事なことはテクニカルなマニュアルではなく、予測不能の事態が起こったときにどうするかという、人としての心構えである。

一から一〇まですべてマニュアル化しても、事態はマニュアル通りには展開しない。可能性を想定して対処法を考え、その考えを起きた事態に適用するということだ。そして、危機管理のノウハウを誰かに任せるのではなく、自分はそういう状況に遭遇したときにどうするかというシミュレーションを頭の中で何度も繰り返しておくことも大事なのだ。

危機管理の分野に従事している管理官に最も要求される能力の一つは、状況の変化に対する適応力だと言われる。これはマニュアルには書くことができないしろものだ。

僕自身、日本でのサラリーマン経験はないが、サラリーマン社会がいかに歪んでいるかはよく知っている。その歪んだ仕組みが現れる一つの場が会議である。

会議は〝決める〟ものではなくて、〝決まる〟ものなのだ。

どういうことかというと、すべて事前に根回しで〝決まる〟のである。

会議とは「会して議する」場のはずなのだが、そんなことはない。「これで行きますよ」という単なる報告・確認の場に成り下がっているのだ。何かを決めるために集まるはずが、集まっても何ら建設的な意見など出ることもなく、ああだこうだ言ったあげく、最終的には権力者がおもむろに言い放つ〝鶴の一声〟で決まるのである。

◆創造性が消えた社会は破滅に向かう

それは政府もまったく同じである。戦後七〇年のうちの六三年間は、本当に正しいことを言う人間がほとんどトップになれていない。

僕が知っている限りでも、財務省に異を唱えている人間がいた。かなり優秀な人間であったが、出世コース（つまりトップになること）からは外れてしまった。前述したケースのように、上司、つまり省庁の言いなりになるように洗脳された人間しか生き残れない社会なのだ。

しかも、みんな周りを見て判断し、自分の意見がない。「お前はどうなんだ！」と言ってもはっきり答えられない。会議にしても何かの討論でも、当たり障りのない、「だから何なの？」という意見がものすごく多い。

なぜ、日本人は自分の意見をしっかりと言えないのか？

その根源をたどれば、戦ってできた国と戦わずしてできた国の違いがあるのかもしれない。自分を主張する人間と主張しない人間の違いと言い換えてもいい。

当然のことながら、戦後の日本は後者だ。

しかし、日本にも戦ってきた過去はある。少なくとも戦前、幕末、そして戦国時代はそうだった。確かに、戦後の国民主権は戦って勝ち取ったものではない。敗れて与えられたものだ。しかし、たとえ敗れたとしても、戦争で戦った歴史は消えないはずだ。

その意味で、国民主権は勝ち取ってきたものだ。国民主権がいいと思っているなら、その原点を忘れてはいけない。世間、マスコミはまるで他人事のように、選ばれた人（国会議員）だけを非難しているけれど、選んだ人（国民）だってもっと罪深いのだ。

選ばれた人に求められるものを自分自身にも求めるべきで、それが主権国家である。主権、つまり、国民主権の本質はそこにある。「主権者なのだから。人のせいにするな」ということだ。選ばれた人に求めるのではなくて、選ぶ人に、選ばれる人に求められるものを求めるべきなのだ。

ひるがえってみれば、それは僕自身が選ばれた人間であったにもかかわらず、選んでくれた人から託された思いを実現することができなかった、自分自身のふがいなさを感じざるを得ない話でもある。

戦後七〇年の官僚体制の中で、記憶力と整理能力のある人だけを重宝がってきた世界。その行き着くところはどこか？　創造性が足りなくなるのだから行き着くところはゆるやかな破滅でしかない、その意味において僕はきわめて悲観的だ。

日本人が劣化している。その劣化の最大の本質は、自分で考えていないことに尽きる。自分で思っていないことや、よく分からないことを話している。そういうのをやめて、自分が思ったことをしっかり話すべきなのだ。

日本人がなぜ自分の意見を言えない人間になってしまったのかは根が深い問題だが、逆に言えば、日本人は変化を受け入れることができる民族でもある。

戦中までは「八紘一宇」「鬼畜米英」「一億総火の玉」と言っていたのが、敗戦になって戦争はもう嫌だとなった瞬間、コロッと民主主義に変わる、いや、変われる。それがまた日本人の良さであり、すごいところでもある。と同時に、それが日本という国の脆さでもある。日本人の優れた皮膚感覚で、一瞬で変われるのだ。ただし、痛みを伴う変化でないと、すぐまた元の木阿弥になってしまうことを忘れてはいけない。

僕の経験で分かることだが、想像力（イマジネーション）、そして創造力（クリエイティブネス）は、平時、日々の変わらない生活の延長線に生まれるものではなく、問題、課題に直面し、何とかしなければならないというところに追い込まれない限り出てこない。それが出せないのが今の日本人の現実なのだろう。「死中に活を求める」という言葉があるが、それとは程遠くなっているのだ。

不祥事を他山の石としないのはなぜか

◆正論を言えない日本社会

ここまで、現代の日本人がいかに劣化したかを述べてきた。

自分で書いているのが残念なほど、次から次へと日本人が劣化していることの証が出てくるものだから、僕でさえ愕然としてしまう。

なぜ、功成り名を遂げた人物が、悪しき領域に手を出し、身を委ねてしまうのか。「人は易きに流れる」のひと言では言い表せない日本社会の制度疲労、あるいは日本人の精神構造の腐食があるのではないかと思える。

一つの見方としては、人としてどう生きたいのかが欠落していることがあるのではないか。だから、できることは何でもしてしまえばいいという発想になる。その根底にあるものは何かと言ったら、「今ある自分自身の仕事を維持していきたい」「自分の仕事を持続させて家族を養っていきたい」という至極当然な論理であるが、この論理に執着しすぎると、現状維持の発想そのものになる。ここから脱却するのは、言うほど簡単ではない。

一方で、悪事を看過する人間の側にも問題がある。自分がこれまでと変わらない日々を送っていくためには、その土台を崩そうとしているものに対して見て見ぬふりをするわけだ。今の安全が崩されてしまうのが恐いから、何も言わないのだ。

それでもあえて言うが、東芝やその他、不祥事を起こした企業の中には、「これはおかしいじゃないか！」と声を上げた人が必ずいるはずだ……いや、いたことを願いたい。

「是非やれと言われれば初め半年や一年の間は随分暴れてご覧に入れる。然しながら、二年三年となれば全く確信は持てぬ」

これは連合艦隊司令長官山本五十六の言葉である。

第二次世界大戦の戦火がヨーロッパで燃え上がり、日本もアメリカと戦争するしかないという空気が、軍部のみならず日本中に流れていた一九四〇年秋、連合艦隊司令長官であった山本五十六は、時の総理大臣、近藤文麿に対してこう言った。それはアメリカ駐在武官の経験に裏打ちされた山本五十六の見識であった。

しかし、結局のところ、日本はアメリカと戦端を開いてしまった。長官の座から退こうと考えていた山本五十六だったが、自分が退くことで後任者にとってさらなる悪い事態になることを回避するため、あえて不本意な地位にとどまったという。

ここで紹介した企業の中には、あえて火中の栗を拾った山本五十六のような人格者がもしかしたらいたかもしれないし、いなかったかもしれない。いなかったとすれば、それは日本人の生き方が、刹那的になってきていることの証ではないかと思う。

日本人は何事もやり直すのが得意な国民だ。戦争にしても、自然災害にしても、復興が好きな民族である。危機管理意識に鈍感だとみんなが考えているならば、そうした意識をどうやって変えようかという発想が出てもおかしくない。しかし、それが出てこない。

ということは、日本人が危機管理についてそうは思ってないということである。

僕が、この問題は根が深いと思っている理由はそこにある。日本の脆弱性はそこにあるのだが、その脆弱性に誰も気づいていない。

◆日本人と日本企業の脆弱性とは？

こうした脆弱性が今、日本経済に現れている。世界における日本の競争力を象徴する経済がダメになったら、これはもう立つ瀬がない。東芝のような歴史のある上場企業で犯罪に相当する粉飾決算が行われていることが世界に知れわたれば、海外の投資家は次々と日本から逃げていくことだろう。

そういう惨状を僕は見たくない。しかし、今や日本の借金（借入金、政府短期証券を含む日本全体の債務残高）は一三〇〇兆円を超えて、ＧＤＰ（国内総生産）の約二三四パーセント（二〇一五年）にもなっている。冷静に見たら、これは破綻というしかない。

経常収支が黒字でない限り、国内の資本がなくなるわけだ。日本株が海外で売られる事態に突入していくのは目に見えている。

政府はそれをある意味でごまかしている。歳出を減らさなければいけないし、あるいは税収を上げないといけないわけだが、なかなかやろうとはしない。それは個々の国民が「痛み」を伴うからであり、痛みを伴えば支持率は落ちて選挙で大敗し、政権転覆の可能性もなきにしもあらずだからである。

そうやって、誰もが他人事でいる限り、あるいは問題を先送りする限り、危機が一歩一歩迫ってくるのである。

今日、明日には破綻しないかも知れないが、中長期で見れば必ず破綻することは分かっている。しかし、今の日本人はそんなことも露知らず、刹那的に生きている。いや、実は心の深いところで分かっているから刹那的に生きているのか。

最大の危機はおそらくそこにある。

この件に関して、対岸の火事とは思えないのがギリシャの経済危機である。

二〇〇九年一〇月、ギリシャは財政赤字の対GDP比が一三・六パーセントであることが発覚し、たちまち経済危機に陥った。EU（欧州連合）離脱も叫ばれていたが、二〇一五年七月に緊縮案を受け入れると表明したことで、EUが最大八六〇億ユーロ（約一一兆八七〇〇億円）にのぼる金融支援の実施が決定して最悪の事態は回避された。

ギリシャの場合、財政赤字の対GDP比は一三・六パーセント（二〇一〇年四月）で、債務残高は対GDP比一一〇パーセントを超えている。ところが、日本の債務残高は前述したように二三四パーセントと、ギリシャやイタリアの二倍以上で、アメリカと比べても二倍以上、ドイツの三倍にもなっている。

日本とギリシャの決定的違いは、自国通貨を持つか持たないかの差だ。自国通貨を持っていれば、財政破綻しないということではない。

日本がいつギリシャのような状態になるかは分からない。その前に大いなる改革に取り組んで破局を避けることが必須なのだが、果たして今の日本人にできるのだろうか。

誰もが無責任で、正論を言えない〝空気〟が今の日本にある。いやなことには目をつぶっているからこういう事態になったのだ。それは誰の責任でもなく、みんなの責任である。みんなと言うよりも、国民の責任である。政治家を選んだのは有権者なのだから。そうした無関心で迎合主義の烏合の衆から脱却しないといけない。

日本が本当に立ち直っていくためには覚悟が必要だ。これだけの借金を抱え、さらに借金を積み重ねていくことに対して、政治家を含め国民はどう思うのか？　その解決は難しい話だが、一日でも早く脱却のための一歩を踏み出さないといけない。

◆なぜ不祥事を他山の石にできない？

しかし、東芝の問題にしても、政治に関しても、親身になって我がことのように考えないと同じことの繰り返しである。東芝以前にはカネボウがあったし、オリンパスがあったし、山一證券もあった。もちろん、東芝以降にも次々と企業の不祥事は続出している。こうした負の連鎖はいつまで続くのだろうか？

そういう意味では、東芝の粉飾事件を問題視しているのは、僕の中に、この国の経営者はいったいどうしているのだという怒りがあるからだ。

そこに考えが結びつかない限り、「他山の石」にはならない。企業であれば経営者の責任に押し付ける、政治の世界であれば歴代の政権に責任をなすり付ける、それでは負の連鎖を断ち切ることはできない。

冒頭で触れたキッシンジャー博士の言葉のように、「自分だったらどうするだろう?」という想像力がないのだ。戦後七〇年間、山あり谷ありだったとはいえ、世界有数の経済立国となったことで、〝自分だけ〟は大丈夫、今後もきっとうまくいくだろうと誰もが思っている。しかし、本当にそうだろうか?

足元をきちんと見れば、地震のみならず、火山爆発のみならず、津波のみならず、土台が揺れまくっているではないか。日本の特徴として、自然災害に対しては十分すぎるほどの危機意識を持つけれど、それ以外の政治・経済がからんでいる問題については、基本的に目を覆って見ないようにするか、すぐに見過ごすようにしている。

いや、自然災害に対しては、人為的な問題に比べて危機意識が強いと思われているけれども、これに対しても本当だろうかと疑ってみることは重要だ。たとえば、火山に関して言うと、爆発はいつ起こるか分からないし、もし起きた場合にどう対処するかということについては、他の自然災害への対処に比べて準備はほとんどなされていない。

すべてのことを一挙にやるということは難しい。本質的に重要な課題は、つねに経済であり、あとは危機管理を含む安全保障の問題だ。

「食を足し、兵を足し、民之を信にす」

『論語』(顔淵第十二)の中で、孔子は弟子の子貢に「政治の要諦」とは何かを聞かれて、このように答えている。

つまり、まずは「食を足し」で、これは文字通り、食生活の充実を図ることで、これを僕は経済のことだと考えている。次が「兵を足し」で、これは軍備を整えること、つまり、安全と言い換えることもできると考えている。そして、この二つが成功すれば、「民これを信ず」で、民の信頼を得ることができるかもしれないという意味だ。

実際、安倍政権の施策も、実はこの言葉に沿っている。

まずはアベノミクス〝三本の矢〟で「大胆な金融政策」「機動的な財政政策」「民間投資を喚起する成長戦略」の三つに取り組んできた。これらは〝食〟に当たると考えてもいいだろう。そして今、安全保障関連法案を施行することで、〝兵〟に取り組んでいる。

さて、その二つの課題をクリアすることで、安倍政権が〝信〟を得られるのか？

僕は得られるだろうと考えている。

子貢は続いて、その三つのうち、やむをえず一つだけ取り除くとしたらどれかと聞くと、〝兵だ〟と答える。次に子貢が、食と信、やむを得ずどちらかを捨てなければならない場合、どちらを捨てるか尋ねると、〝食だ。人間は誰もが結局死ぬ。しかし、信がなければ民は立たずだ〟、つまり、一番重要なのは〝信〟と答える。

〝食〟〝兵〟〝信〟この三つが大事なことは当然だが、とりわけ重要なのは〝信〟。

つまり、人と人の信頼関係、今日的に言えば、指導者とそれを選んでいる有権者との意思疎通関係が一番大事なことなのだ。

その部分で日本人共通の意識ができあがるならば、日本も変わっていくのではないか。それができれば、本当の日本的な伝統と文化で、世界に名だたるものを醸し出せるはずだ。しかし、今の日本のマスコミも迎合主義で、国民に受けることしか書こうとしない。

そのため、地味だが良いニュースは歓迎されない。硬派なニュース記事からワイドショー的な記事まで、国民全員が誰かを悪者にしてお祭りのように騒いでいる状況だ。

先に触れたオリンピックのエンブレム問題にしても、マスコミは病巣の本質を突くことはせず、佐野研二郎氏がどんな模倣をしたか、それを次から次へと暴いて面白おかしく書きたてるだけである。それでは第二、第三の佐野氏が現れるだけではないか。

ニュースの根深いところにある真相を突き止めるだけではない。良いものは良いと認めて報道する勇気も必要なのではないか。「朱に交われば赤くなる」と言われているように、悪いニュースばかり見ていると影響される部分もないではない。

しっかりと良い部分を見せて、両者を対比させればいいのだ。

第五章　無責任きわまる日本のマスメディア

――〝百家騒乱〟のメディアを信用してはいけない

日本は「いい、加減の国」である

◆ひきこもりの国・日本

「日本が嫌になったから、もういたくない」

時折、僕の周りにそう言って海外に出て行く人がいる。そんなとき、僕は「どうぞ、行ってらしてください！」と言って笑顔で送り出す。

「東さん、なんでそんなニコニコしているの？」と聞かれるので、

「必ず君は思うよ、日本に戻りたいって。予言しておくよ」

僕はそう答える。すると、案の定、数年後にその人は戻ってくる。

日本には日本ならではの良さがある。しかし、日本に長く住んでいると、日本の良さを客観的に判断できないのもまた事実だ。もしも機会があれば、一度外国に住んでみるといい。そうすれば、日本が本当にいい国だと身をもって実感できるはずだ。

日本に関していろいろと思うことがあるからこの本を書いているのだが、正直な気持ちを言えば、僕は日本が大好きだ。日本は本当に良い国だ。

僕は日本をこう思っている――「いい、加減な国」だと。

「いい加減」ではなく、「いい、加減な国」。「いい、塩梅の国」と言い換えていいかもしれない。

人が暮らすには加減がちょうどいい。何が良いか一つ挙げれば、全然ピリピリしていないところだと思う。外国に行くと、ほぼ二四時間、ある程度の緊張を強いられる。その意味では、日本人は日本の良さをもっと大事にすべきなのだ。

そのためには、日本人がもっと海外に行って、外国の現場を知ることも必要だろう。ただし、海外に行くときは団体ではなく、個人で行くことだ。団体ツアーでつるんでいては名所旧跡、観光スポットを目にできても、その国の本当の姿は見えてこない。

僕は昔、エチオピアで働いたことがある。そこでは、みんなマラリアや肝炎でバタバタと倒れていくのだ。職員はみんな予防のためにキニーネを飲んだり、打ったりするのだけれど、地元民がそんなことをするわけがない。僕はその状況を目にしてどうやって予防しているのだろうと考えた。

「現地の人でマラリアや肝炎にならない人がいるだろう？　何を食べているんだろう？」

事務所で働いている現地人にそう聞くと、毎日、にんにくを五粒くらい生で食べていることが分かった。そこで、僕は試しににんにくを生で食べてみた。結果として、医学的根拠は分からないけれど、僕は大丈夫で、倒れることはなかった。生活の知恵、生存本能、それは地元にあるのだと僕は思っている。

でも、日本はどこかの国が伝染病で大変だとなると、それしか報道しない。暴動が起きると、日本のテレビはそればかり映すから、その国全体が暴動になっているように見える。

しかし、現実はそうではない。暴動が起きている一方で、しっかり生活している人もいる。僕の経験から言っても、国中が争乱の渦になっている国など見たことがない。日本人は海外の情勢をピンポイントで見るだけで、全体を見ようとせず、海外に出て行こうともしないのだ。

ますます外国を旅行したがる日本人はいなくなっている。とりわけ若者がそうだ。

近年、ひきこもりの若者が増えているという。若者だけでなく、年齢を重ねたひきこもりも増えている。いや、ひきこもりになっているのは一部の国民だけだろうか。今は日本そのものがひきこもりになっているのではないか。

海外に出て行けば、争乱に巻き込まれることもあるだろう。だからこそ、危機管理が必要になってくる。情報を集め、分析し、何がどうなっているかしっかり事前に調査する。それが大事なことだ。日本人は、スマホで情報が全部取れると安易に考えているが、そうではない。重要な情報は自ら足を運んで手に入れるものだ。

その意味で、海外に出て日本の良さを認識することも必要だ。

◆しっかり自分の頭で考えるようになろう！

日本企業が海外に出て行かない、日本人は日本の中だけで生きていく……それなら問題はない。今のまま、ひきこもり＝鎖国をしていればいいだけのことだ。

しかし、現代は江戸時代と違って鎖国に耐えられないのは明らかだ。グローバル化がますます進んでいる中、ひきこもりを続け、競争はできる限りせず、だけど既得権益は守りたい……では虫がよすぎる。

よく、昔の日本では家の鍵をしめなかったと言われる。しかし、それは相互監視の眼があったからだ。見知らぬ人が入ってきても、誰かが見ているからすぐに分かってしまう。だから誰も入ろうとはしなかった。前述した訛りも同じようなものだ。昔は善人ばかりで盗人がいないから鍵をしめなかったわけではないのだ。本来、日本はよそ者に対して警戒する社会という側面も持っていた。

日本はオープンで誰も疑わない大らかな国という〝理想〟ばかり見るのは結構だが、もう一方のよそ者を警戒する社会であったことを忘れてはいけない。

日本にあった歴史的、文化的に優れている部分を死守することなく、今これをやればいいじゃないかという風潮に迎合する部分が多すぎる。「それが日本人のいいところだよね」と思わされてしまっている。無制限に人を信じましょうではいけない。

昔は言葉では言い表せない部分で相手を察していたわけだが、今は察することがなくなっている。では、言葉で一〇〇パーセント相手に分かるように伝えているのかと言ったら、それもできていない。だから中途半端なのだ。第三者、ほかの国からしたらこんなに攻めやすい、入り込みやすい国はない。

日本で活躍したスパイの言を借りれば、「一度中に入ってしまうと、相手の脳髄にまで入れる」

である。一度入れば〝ズブズブ〟になるわけだ。

日本人が精神的ひきこもりを続けている間に、開いた間口から外国人が入ってきて、いいところだけをさらわれていく。それが現実だ。

しかし、現実に鎖国されていた幕末、明治維新のときでも、外国の要人に武器を売ってもらったりするなど、必要な外交および商売は続けていたはずだ。無制限に間口を開くことなどしていなかった。しっかりとした警戒心は持っていたはずだ。

尊王攘夷で国中が揺れた幕末であっても、勝海舟、西郷隆盛ら偉人たちは外国からの干渉に対しても、毅然とした態度で節度を持って接していたものだ。ここまでは交渉するけれども、ここから先は受け入れられないという明確な境界線を己の中にしっかりと持っていたのだ。「和魂洋才」とはこのことだろう。

それがまさに究極の危機管理ではないか。指導者としての矜持である。

◆戦後を境に変わってしまった日本人

国レベルで考えるならば、総理大臣という役職は誰もができるものではない。

議員になる以上、総理大臣になりたいと思うのは自由だ。しかし、ありとあらゆる問題に首を突っ込んでいくのは大変なことだと分かってきて、そこは自分の任ではないという議員が現れてもおかしくない。それは大臣の肩書にしてもそうだ。

しかし、実際問題として、「その任ではありません」と言う議員は過去にいたことがあるが、最近は見たことがない。

誰でもなれるということは、それは有権者が大臣、総理大臣を馬鹿にしていることにもつながる。政治のレベル＝大衆のレベルだから、自分自身のレベルだと思っていると換言できる。有権者は自分たち議員の生殺与奪を握っているのだが、握られていると思っている政治家はいない。つまりは、責任を背負うという究極の問題を認識していないのだ。

もっと、もっと政治に対して、〝自分で考えよう〟〝自分で判断しよう〟〝自分で論点を見つけよう〟という意識がなければいけない。

人の意見は参考にはするけれども、自分が関心のあることに対して自分自身で考えて、自分が分からなければ、分かると思われる人にゆだねる。誰もが他人の言葉の受け売りではなく、自分の言葉で話すことができるようになれば、日本も変わっていくはずだ。それができれば、現状維持やいわゆる他力本願からは遠ざかっていくことだろう。自分の意見に自信を持って発言し、行動する。それができる日本社会を僕は期待している。

今の日本人は主体性がない烏合の衆に成り下がってしまった。その〝起源〟をたどれば、それは戦後に行きあたると僕は思う。なぜなら、少なくとも第二次世界大戦前までは、日本人は〝個人〟というものがあった。それがなくなったのが戦後だからである。

その意味で、太平洋戦争は大きな分岐点であった。

単に戦争に負けただけでなく、日本人の民族性を一八〇度変えてしまったのだ。

なぜ、日本人がこんな情けない民族になってしまったのか？

責任の一端はマスメディアにある

◆安全な場所に身を置く日本のマスコミ

かつて日本は、「経済一流、政治三流」と揶揄されていたが、その日本のレゾンデートル（存在理由）とも言える経済も、今では三流と化したと言っていい。

新聞やテレビなどのマスコミも、次から次へと起こる事件を表面的になぞって報道するだけで、事象の詳細を徹底的に検証し、分析し、本質的な問題点を明らかにしようとはしない。政治も経済も、芸能ネタと同じ感覚でワイワイガヤガヤ騒いで終わりだ。報道と情報、政治・経済と娯楽の差がなくなり、混然一体と化してしまったようだ。

先の常総市における鬼怒川の大氾濫においては、当日、日本のテレビ局はどのチャンネルも同じような映像ばかり繰り返し流していた。それはヘリコプターで撮った映像だ。まるで高みの見物で、現地の人々は小さな米粒のように見えた。

被災者の方には大変申し訳ないたとえだが、それはまるで、子どもが公園でアリの巣に水を流し込んで遊んでいるようにも見えた。交通手段、通信手段が進歩したせいで、マスコミは自分の手や足をいっさい汚さず、安全な場所から報道できるようになった。現地を自分の足で直に踏んで、現場の様子がどうなっているのか、被災者がどうなっているのか……それを伝える記者はほとんどいない。安全と思われる場所は別だが。

僕が見ていた限りでは、テレビからは窮地に陥っている人たちの感情がこもった声も聞こえなければ、救助活動に当たっている人たちの切迫した声も聞こえてこなかった。現場がどれだけ危険な事態に陥っているのか、実際の惨状は想像するしかない。しかし、当然のことだが、今の日本人にはそうした想像力は残念ながら……ない。

◆真の悲惨さを伝えないマスメディア

東日本大震災が起きたとき、僕は菅直人政権の防災担当副大臣としてすぐに現場に駆け付け、現地対策本部長を務めた。

その際、現地で何人もの外国人特派員にお会いした。彼らは、津波に引き込まれていく人たち、肉親を失って泣き叫ぶ家族の声、切迫した救助活動に携わっている人の怒号など、「ありのままの姿」を全部報道していた。むごいと思われるかもしれないが、それが現実である。

二〇一五年から、欧州はシリア難民の問題で大きく揺れている。

その最中、トルコの海岸に打ち上げられたシリア難民の三歳児の遺体の写真が全世界に衝撃を与えた。それまで難民の受け入れに否定的だった国の中には、この写真がきっかけで受け入れを決めた国も多い。たった一枚の写真が国を動かしたのだ。

その直後、今度はハンガリー南部の町で、セルビア国境を越えてやってくるシリア難民を撮影していたインターネットテレビ局の女性カメラマンが、難民の子どもを二回にわたって蹴っている瞬間を撮影した映像が世界に衝撃を与えた。

いずれも日本のマスコミが撮ることのできないような写真・映像であり、仮に撮れてもなぜか国民に見せないであろう写真・映像である。

日本のマスコミは、自分たちが飛ばしているヘリコプターが救助に当たっている自衛隊機の邪魔をしていることなどお構いなしで、高みの見物だ。それでは、災害に巻き込まれた人間が体験している本質的な悲惨な状況は伝わらない。

危機管理意識から見ると、日本人が鈍感になっている原因はそこにあるのではないか。高みの見物的なマスコミ報道が日本人の脳裏に刷り込まれて、本当の危機から目を背け、何でも他人事と思ってしまう感覚が刷り込まれてしまったのだ。

今から約三〇年前の一九八五年八月一二日に発生し、乗客乗員五二〇名の命を奪った日本航空一二三便の墜落事故では、マスコミのヘリコプターが上空を飛び回る音で、生存者の助けを求める声がかき消されたことがあったかもしれないという。

現場が静かな状態であれば、瀕死の生存者が弱りきった体から振り絞ってあげる、助けを求めるかすかな叫び声が救助隊員の耳に届いたはずだ。確かなことは言えないが、マスコミのヘリコプターがいなければ一人でも二人でも助かった命があったかもしれない。

ヘリコプターの高い燃料費を無駄に浪費することより、マスコミはもっと地に足の着いたリアルな報道をすべきではないか。空からだけでは、惨状を正確に伝えられない。

マスコミが被災地の最前線に行かない理由は、一九九一年六月三日に発生した雲仙・普賢岳の大火砕流の犠牲者四三名の死者・行方不明者の中に、報道機関の人間が一六人含まれていたという、あの大惨事にあるのかもしれない。今の日本人は加減を知らず、二択しかできない。そのため、現地まで行くか、行かないかの選択しかできない。惨事を繰り返さないためには行かないと決めたら、高みの見物になるしかない。

だからと言って、報道機関が高みの見物でいいという理由にはならない。自主規制しているのか、誰かが止めているのか、それは僕には分からないが、現在の報道姿勢を再考するようマスコミに願いたい。

◆無責任発言を垂れ流すテレビ人たち

「二〇世紀は戦争の時代」などと言われているが、同時に「メディアの時代」でもある。新聞はもちろんだが、戦後、映像を使ったテレビの与える影響力は飛躍的に増大した。その点で言えば、日本人の人格形成にメディアがもたらした影響は計り知れない。日本人の戦後の文化はテレビとともにあったと言っていい。

しかし、肝心のテレビ局の報道体制は全面的に信頼できるものだろうか、僕は大いに不安である。よく「テレビばかり見ているとバカになる」などと言われるが、この言葉には一分の真理が含まれていると僕は思う。〝一億総白痴化〟と言われたのも今は昔だが、今もその言葉は間違っていないのではないか。


茨城県常総市で水害が発生したときに、テレビを見ていて気になったことがほかにもある。僕が見ていたテレビの番組の中で、ある気象予報士が次のように言っていた。

「みなさん、できるだけ早く避難してください！」

常総市以外に住むほとんどの視聴者は、「そうだ、そうだ」と納得して終わりで、特に気にも留めない言葉かもしれない。しかし、僕はこう思った。

「あなたがそれを言うのは僭越行為ではないですか！」

気象予報士は気象庁長官から予報業務、つまり雨量がどれくらいになるかを予報する資格を授与された人間である。気象がどうなるかを伝える専門家であって、避難勧告を当該自治体の長に助言する資格はあるが、市民に直接指示する資格は持っていない。たとえ現地で避難の必要があったとしても、気象予報士にそれを言う資格はない。

百歩譲って、僭越行為であっても、その予報士の声が現地に届き、現地の人々が避難できたとすれば、その予報士は賞賛に値すると思う。問題は、そのテレビ番組は当該被災地域でも放映されていたのか、また、避難するにしても、避難する場所が明確であったのか、それらがまったく分からないことだ。

日本のマスコミが堕落した原因とは？

◆マスメディアはつねに〝百家騒乱〟状態

僕は決していちゃもんをつけているのではない。誰が何を言っても許される。逆に言えば、誰もが責任ある立場で物を言おうとしない状況が残念なのだ。

「百家争鳴」は結構だが、これはしっかりとした背景と根拠があればこその言葉だ。今の日本は〝百家騒乱〟だ。コメンテーターと称する、視聴者より知識のある人間かどうかも分からない人が、好き勝手なことを言っている。視聴者の意見を代弁していると言えば聞こえはいいが、逆に言えば日本人の〝一億二千万総白痴化〟を象徴しているようなものだ。

作家や漫画家はもちろん、元スポーツ選手や元弁護士、元検事に元アイドルが殺人事件から政治問題、それこそ安全保障関連法案の是非までコメントをしている。彼らの中には立派な方もいらっしゃるので個人を責めるつもりはない。しかし、そうした専門外の人間をズラリと並べて、芸能ネタから政治までを十把一絡げにして取り上げるテレビ番組を「おかしい」と思っていないとしたら「おかしい」のではないか。あるいは、テレビ局の制作スタッフは、おかしいとは思っていても、視聴率を稼げるからやっているのかもしれない。

先の水害問題においても、アナウンサーやコメンテーターはおしなべて「警戒してほしいですね」と言っていたが、警戒するとはどういう意味なのか？

何をどう警戒すればいいのか。彼らはみんな、どういう状況になったらどうすべきかという行動の判断基準すら説明していない。おびえてじっとしていなさいという意味なのか、それとも、水が来るから高いところにいてくださいという意味なのか、家を出て避難してくださいという意味なのか……選択肢はたくさんあるはずだが、具体的な言葉は何一つない。具体的なことを言えないのなら、言わないほうがいい。混乱させるだけだ。

実際、現場はそれ以上に混乱していた。常総市役所は、一番被害の大きかった地域に避難警報を出していなかっただけでなく、九月一一日になって、市が「緊急速報メール」を送っていなかったことが判明した。緊急速報メールは、防災無線が聞こえない人のために避難指示や避難勧告を出したことを市民に知らせるためのものだ。この件について市の担当者は、「手が回らなかった」などと弁解している。

そもそも少し考えれば分かることだが、鬼怒川＝鬼が怒る川という語源からも分かるように、大昔から氾濫して水害が起こりやすい川であったことは想像に難くない。しかも、常総市は二〇〇五年までは「水街道《みつかいどう》市」と称していた。水の街道、つまり水が溜まりやすく、水害と縁の深い場所だったのだ。

また、二〇一四年八月二〇日に広島市で起きた大規模土砂災害では一一九名もの死傷者を出したが、被害が大きかった安佐南区八木地区の八木三丁目は、かつて「蛇落地悪谷《じゃらくじあしだに》」と呼ばれていたそうだ。昔から、蛇が付く地名は水害の多い場所と言われている。それは濁流が蛇のようになって押し寄せてくるイメージに負うところが大きいのだろう。東京の目黒区にも「蛇崩《じゃくずれ》」と呼ばれる急な坂道があるが、そこもやはり水害が多い場所だったようだ。広島市の場合、蛇落地悪谷などといういかにも悪意のこもった名前の土地だから、そこは相当人に避けられていた場所のはずだ。

この蛇落地悪谷はのちに「八木上楽地芦谷」と変更され、今では八木だけが残された。昔の地名のままでは住みたいという人はまれだろうし、宅地開発が進む過程で名前が変わったのだろう。しかし、地名を変更したことで、水害が起こりやすい場所といった過去も消えた。かつての地名を知らなければ、万が一……など思いもしなかっただろう。

今でも「沼」「島」「谷」がついていれば水と縁の深い場所であることくらいはすぐに分かるし、「深」は周囲より土地が低く、「沢」は水のたまりやすい土地の可能性もある。過去に何度も水害を経験した土地は、地名に特定の文字を含んでいる。そうした地名は危機管理意識を養う目安にもなると考えたほうがいい。

近年、市町村合併の際などに、マイナスイメージがある地名を〇〇丘や〇〇台などとおしゃれな名前に変えてしまうケースも多い。地名を変えれば、過去に蓄積された負の歴史までも消えてしまう。こうした、先人たちが残した〝警鐘〟とも言えるメッセージを消し去ったことが、大惨事につながる可能性も否定できない。

話がそれたが、市民を守るべき立場にある自治体がこの体たらくである。「こういう場合にはこうします」という究極の判断を考えておかないといけないのだが、それがない。テレビを見ればＮＨＫから民放まで横並びで、「ハザードマップを見て自分で判断してください」などと無責任なことを言っている。挙句の果ては避難勧告が届いていないとか、いったい何を言っているのか、僕にはさっぱり分からない。

前述したように、テレビのキャスターは「注意してください」「警戒してください」などと言っているが、彼らは生放送だから黙っているわけにはいかず、何か言わなくてはいけないから苦し紛れに言っているだけの無責任な言葉にしか僕には聞こえない。そんな空虚な言葉で時間を埋めるなら、テレビの報道など必要ない。

◆検証することには興味がないマスコミ

事件や事故が起きたとしても、新聞やテレビ、とくにテレビに象徴されるマスコミ報道は、客観的情報として、「何月何日にこういうことが起きました。みなさん注意しましょう」というおためごかしに終始して、そこから先を検証しようとはしない。ほとんど検証することもないまま、代わり映えのしない報道を繰り返すばかり。視聴者がいい加減そのニュースに飽きた頃、見計らったかのように次なる大事件が起きる。すると、マスコミは一斉にそちらに目を向けて、過去に目を向けようとはしない。それが日本のマスコミの特徴だ。

古代から現代まで、多くの人が「備えあれば憂いなし」と言っているが、それが一向に国民に身に付かない。備えるためにすべきことをせず、いざ大事件が起これば、慌てふためき、どう対処していいか分からないという人たちばかりだ。

それが悲しいことに日本の現実だ。なぜかと言えば、やはり日本人が論理的な思考に弱いという基本的な傾向もあるだろう。これはいい悪いではなく、現実問題として非常に弱いのだ。したがって、自分自身の肌に触れない限り実感として分からない。

何百回、何千回と大災害が起きても、災害に直接関わった人は別として、それ以外の人は事態の深刻さを共有できない。これをすぐに変えようと思ってもそれは無理だ。

テレビのキャスターは、「大変です！」「大変です！」と、さも臨場感があるように醸し出しながら、「今回の大洪水の原因は……」などと言っている。そもそも大洪水の原因は大雨であることは明らかであるにもかかわらず。問題は「なぜ決壊したのか」「どこが決壊したのか」にあるはずだ。土手の決壊の可能性が事前に分かっていたのかいなかったのか、分かっていたらなぜ補強しなかったのか、事前に分からなかったとすれば、なぜ分からなかったのかが問題なのだ。

キャスターは、しゃべりながら「何かおかしいな」とは思わないのだろうか。

決壊の恐れがありますということは、土手のどこかに何らかの瑕疵があるからそう言っていたに違いないのだ。

◆記者クラブ制度は即刻廃止せよ！

こうした日本のマスコミの無意味な報道、そして、他人事とも思える無責任な報道姿勢の数々は、昨日今日始まったことではない。僕が気づいたときにはすでにこうなっていたというのが真実だ。

では、いつから日本のマスコミは自分で考えることもしない、単なる糸電話のような伝言機関になってしまったのか？　そもそもなぜ伝言ゲームになってしまったのか？

その理由の一つが、以前から言われているような記者クラブ制度だろう。

大手の新聞社やテレビ局は官庁や警察の記者クラブに出入りできる。そこにいれば、独自に取材しなくても簡単に資料を手に入れることができる。記者はそれを読んで記事にするだけのことだ。たまに分からないことがあれば、担当課長に聞けばいい。

僕が国会議員だった頃にも、次のような体験をしたことが数限りなくある。

総理官邸にも記者クラブがあり、新聞社やテレビ局は入社したての記者を「総理番」と称して三〇人くらい置いている。僕が行くと、総理番がやって来て質問をする。

「東さん、今日は何しに来たんですか？」

そして、帰り際、再びやって来て同じような質問をぶつけてくる。

「今日はどんな話をしたんですか?」

「総理は何を考えているんでしょう?」

僕は総理大臣ではないから、総理の考えなんて分かるはずがない。同じ質問を、ただ繰り返すことだけが仕事になってしまっているのだ。あんな無意味な習慣があるのは日本だけだ。

話は少しそれるが、僕は機会があるごとに、この総理番は廃止にすべきだと述べてきた。新聞には総理大臣の前日の行動・活動が詳細に記されているが、これは国にとって重要な情報の「漏洩」になりかねないからだ。

総理が誰と会い、どのくらい時間を費やしているかがオープンになっているということは、見方によっては、今後の日本の動向や総理の問題意識をさらけ出しているとも言える。国家の危機管理という視点からすると、これほど無防備な国はないということである。この点についてはまた別の機会で述べよう。


また、こんなこともあった。僕がテレビによく出ていたとき、よくこう聞かれた。

「(党首の)小沢一郎さんは何を考えているんでしょうか?」

そんなとき、僕はいつもこう答えていた。

「それは小沢一郎に聞いてくれよ、僕は東祥三だよ」

それと同じことだ。第一に、僕は東祥三であって小沢一郎ではない。第二に、他人が頭の中でどう考えているかは僕には分かるはずがない。当然だ。にもかかわらず、記者は自分の〝足〟で取材することなく、第三者が言っていたことを基に記事にする。

まさに伝言ゲーム。逆に言えば、それをただ載せるだけで記事になってしまうのが日本の新聞、テレビなのだ。こうした状況がおかしいことにマスコミは気づかない。

少なくとも昔は、多くの記者は自分の靴をすり減らすほど歩いて生の情報を手に入れ、自分の責任で記事を書いていたはずである。それは会社の意見である以前に、他人の頭をそのまま借用するのではなく、あくまで記者本人の力量と責任で書かれた記事だ。だからジャーナリストは尊敬されていたのだ。

ところが、今はそうではない。それこそ自分自身は安全な場にいて、何のリスクもとらずに当たり障りのない記事を書いている。もしそれで何か批判されれば、「これは会社の意見ですから」と言って自分は陰に隠れてしまう。そんなジャーナリストの矜持すらない人間が、ジャーナリストを名乗っていいわけがない。こうした不自然な状態が長く続くとは僕にはどうしても思えない。実に無責任極まりない状況だ。

日本のマスコミの場合、駆け出しの記者はたいていそうした記者クラブから経験を積んでいく。だから、誰も自分で考えようとしなくなる。第三者が話した情報の裏を取ろうとするような人間も少なくなっているのではないか。ましてや、スクープを取ろうと独自に動く意欲的な人間もいなくなっていると思われる。問題でも起こそうものなら会社をやめるしかなくなるからだ。そんなリスクを冒してまでスクープを取ろうとする勇気ある人間はいない。スクープの中身もだいぶ変化してきている。しかも、記事の内容が間違っていても、誰も責任を取らない。たぶん、マスコミは給料がいいから、わざわざその生活を捨てようとする人間はいないのだ。

定年まで問題を起こさずに働けば、一般的な労働者より優雅な暮らしが送れて多額の退職金が得られる。運が良ければ系列会社の役員になって、老後も悠々自適に暮らせる。

そんな世界にいる人間たちが、真相を究明するような報道などできるわけがない。日本のマスコミはジャーナリズムというより、単なる〝伝言機関〟だ。

日本のマスコミがいかにジャーナリストとしての矜持がないか。それをあからさまに示すのが、少し古い話だが、オウム真理教事件の際、弁護士一家殺害事件の発端となったとされるＴＢＳのビデオ事件である。

オウム真理教の急進的な言動が批判を浴びていた一九八九年一一月四日、オウム真理教事件に取り組んでいた坂本堤弁護士とその家族三人が失踪する事件が発生する。その後、三人は教団によって殺されていた事実が判明する。

のちの一九九五年、ＴＢＳのワイドショーのスタッフが、オウム真理教側に坂本弁護士のインタビューテープを提供し、そのビデオがきっかけで教団が坂本弁護士の殺害を決めたことが判明したのだ。当初、ＴＢＳ側はビデオの提供はしていないと強く主張していたが、翌年三月に実行犯の一人であった早川紀世秀被告（当時）の証言がきっかけで、一転してビデオを見せたことを認めて、謝罪した。

そのことを受けて、ＴＢＳの報道番組「筑紫哲也　ＮＥＷＳ23」のキャスターを務めていた筑紫哲也氏が、番組の中でこう言ったのを今も覚えている。

「ＴＢＳは今日、死んだに等しいと思います」

取材源の秘匿はジャーナリストの鉄則である。しかも、取材源と敵対する立場の相手に情報ソースを提供するなど、言語道断としか言いようがない。ジャーナリストとしての矜持が少しでもあったなら、ビデオを見せることなどなかっただろうし、坂本弁護士一家も殺されることはなかったはずだ。

この事件はいかに日本のマスコミが堕落しているかを示すいい事件だ。

この問題は、筑紫氏の〝言葉〟で幕引きなのか、そして、問題の闇は明らかになったのか。その闇はますます深くなっているのではないかと僕は思う。

第六章　日本人の資質が劣化した原因とは？

――戦後アメリカの占領政策が日本を弱体化させた

ＧＨＱの占領政策が日本をダメにした！

◆マスコミを堕落させたＧＨＱの検閲制度

こうした日本人の劣化、ジャーナリズムを含めた日本の脆弱さ、戦後の国家体制を調べてみた。その結果、一つの結論にたどり着いた。それは何か？

戦後のアメリカの占領政策だ。

あえて言おう。戦後、日本と日本人の本質的な部分をことごとく破壊し、国としての体系を作らないように仕向けたのが、実はアメリカの占領政策なのだ。

極論すれば、日本は戦争に敗れただけではない。戦争に負けたあと、己で自らの国を作っていく行為さえも解体されたのだ。彼らは日本の軍隊や財閥を解体しただけではなく、日本人の精神性の深いところまでも恐るべき周到さで解体したのだ。

第二次世界大戦の敗戦まで、日本人には世界に伍して戦おうという高貴な志があった。それがいいか悪いかは別として、西洋に追いつけ、追い越せと、高邁な精神を胸に抱いて努力と精進を続けていた。それが戦後、どうなったか？

ここまで述べてきたことからも明らかなように、今の日本人は現状維持、他力本願の精神状態で、安全性のバイアスに支配された想像力に欠ける日本人が生まれた。今や、世界に伍して戦おうと考えている日本人などほんの一握りだ。

ＧＨＱ（連合国軍最高司令官総司令部）の占領政策というと、ほとんどの人間はダグラス・マッカーサー元帥のイメージと同時に、新憲法の制定、民主主義、言論の自由、軍隊や財閥の解体、戦争犯罪者の裁判などを思い浮かべるかもしれない。

しかし、ＧＨＱがやったことはそれだけではない。彼らは極力、目に見えない形で日本人に対して一つの計画を実行に移したのだ。

それは、周到に準備され、綿密な手順を経て実施された恐るべきミッション——日本のメディアの徹底的な「検閲」だ。

検閲というと、戦前、戦中に軍部が行った教科書や出版物に墨が塗られるような検閲を思い出す人もいるだろうし、そうした墨で塗りつぶされた書籍を博物館などで見た人も多いだろう。しかし、ＧＨＱがそれ以上の徹底さで出版物や映像、さらには個人の手紙までをもすべてチェックしていたことを知っている人は、今となってはほとんどいない。

占領軍がひそかに徹底的な検閲を行っていたと主張しても、今の日本人は陰謀論や都市伝説の類のように思われるかもしれない。しかし、これは紛れもない真実だ。

当時、ＧＨＱは四〇〇〇人から六〇〇〇人もの日本人を使って、新聞やラジオ、雑誌、あるいは映画などの徹底的な検閲を行っていたのだ。

戦後を代表する文芸評論家で『漱石とその時代』（新潮選書）『海は甦える』（文春文庫）などの著作がある江藤淳氏は、『閉された言語空間　占領軍の検閲と戦後日本』（文春文庫）の中で、敗戦前から周到に準備されたGHQ、詳しくはGHQ配下の参謀第二部（G－2）所管下の機関である「民間検閲支隊（CCD＝Civil Censorship Detachment）」が行った徹底的な検閲制度と、それ以上に恐ろしい「ウォー・ギルト・インフォメーション・プログラム（WGIP＝War Guilt Information Program）＝戦争についての罪悪感を日本人の心に植え付けるための宣伝計画」の存在を明らかにしている。

このGHQによる検閲制度とWGIPが、戦後の日本人の精神構造をズタズタにしたと僕は考えている。だからこそ、戦後七〇年が経った今、GHQによって作られた虚飾の日本人像を完全に払拭して、本来の日本人の姿と精神性を取り戻すためにも、戦後の検閲制度とWGIPを検証する必要がある。それが今の日本人にとって非常に重要なことだ。

◆知られざる〝プレスコード〟の正体とは？

それでは、戦後のGHQはどんな検閲制度を行ったのか？

GHQのトップであるマッカーサー元帥は、一九四五年八月三〇日に日本の厚木海軍飛行場に降り立った。九月二日、日本は戦艦ミズーリ号の艦上で降伏文書に調印した。それから約二〇日後の二一日、GHQは「日本新聞遵則」、いわゆる〝プレスコード〟を発令した。そこにはまず趣旨としてこう記されていた。

「この規定は新聞に対する制限ではなく，自由な新聞のもつ責任とその意味を日本の新聞に教えこむためである」

そして、報道は事実と真実を伝えるべき、治安を害してはいけない、意見と事実は分けることなど、マスコミとしては至極当然な内容が記されていた。しかし、ＧＨＱは実施段階で、そうした建前とまったく違う禁止事項を設けた。以下がその三〇項目である。

①　連合国軍最高司令官司令部（ＳＣＡＰ）に対する批判
②　極東国際軍事裁判批判
③　ＳＣＡＰが日本国憲法を起草したことに対する批判
④　検閲制度への言及
⑤　アメリカ合衆国に対する批判
⑥　ロシアに対する批判
⑦　英国に対する批判
⑧　朝鮮人に対する批判
⑨　中国に対する批判
⑩　その他の連合国に対する批判

⑪　連合国一般に対する批判（国を特定しなくとも）
⑫　満州における日本人取り扱いについての批判
⑬　連合国の戦前の政策に対する批判
⑭　第三次世界大戦への言及
⑮　冷戦に関する言及
⑯　戦争の擁護の宣伝
⑰　神国日本の宣伝
⑱　軍国主義の宣伝
⑲　ナショナリズムの宣伝
⑳　大東亜共栄圏の宣伝
㉑　その他の宣伝
㉒　戦争犯罪人の正当化および擁護
㉓　占領軍兵士と日本女性との交渉
㉔　闇市の状況
㉕　占領軍軍隊に対する批判
㉖　飢餓の誇張
㉗　暴力と不穏の行動の煽動

㉘　虚偽の報道
㉙　ＧＨＱまたは地方軍政部に対する不適切な言及
㉚　解禁されていない報道の公表

誰もが思っているはずだ、「アメリカはFree Country（自由の国）だ」と。自由の国を標榜するアメリカがここまで言論統制を敷いたのかと、不思議に思う方もいるだろう。しかし、こうした検閲によって、日本と日本人をアメリカの都合のいいように変えていったのも揺らぐことのない事実なのだ。

このプレスコードによって新聞をはじめラジオ、雑誌、映画などの徹底的な検閲が始まり、日本における言論は厳しく自由を制限させられた。連合国、および占領軍へのいっさいの批判が抑えられただけでなく、日本人の精神とも言える伝統文化に対しても口をつぐむしかない状況が生まれたのだ。

このプレスコードを初めて目にした方は、③の「ＳＣＡＰが日本国憲法を起草したことに対する批判」に注目することだろう。

日本人は日本国憲法の作成に関して、ＧＨＱの何らかの関与があったことまでは知っている。それでも、新憲法は「自分たち日本人が作った平和憲法」として、世界に誇れるものだと胸を張っていたはずだ。未来永劫、武力行使を放棄し、いかなる戦力も持たないと記されている憲法九条も自分たち日本人の総意だと。

しかし、それはまったくの勘違いだ。憲法九条を含めた新憲法の草案はＧＨＱが作っていたのだ。言い換えれば、新憲法は自分たちが作ったと思い込まされていたのだ。

また、⑳に「大東亜共栄圏の宣伝」とある。そもそも先の戦争を日本人は太平洋戦争ではなく、大東亜戦争と呼んでいた。そこには大東亜、つまり欧米からの植民地支配を解放して、共存共栄の大東亜共栄圏をつくるという日本の構想があったのだ。

しかし、大東亜共栄圏に触れることは、欧米諸国の植民地支配にまでつながる可能性がある。そのため、ＧＨＱは大東亜戦争という呼び名をこの世から抹消し、太平洋戦争といった呼び名に改めたのだ。

◆検閲制度という名の〝洗脳〟だった

これら三〇項目に触れることはいっさい報道してはならず、それに反する内容は「民間検閲支隊（ＣＣＤ＝Civil Censorship Detachment）」と呼ばれる検閲機関によって徹底的に調べ上げられた。該当する新聞や雑誌の記事はメディアから徹底的に削除され、違反者や違反団体には処罰が与えられたという。

当時、戦前・戦中の欧米諸国による植民地支配に関する研究書など約七〇〇〇冊が官公庁や図書館などから没収されて、廃棄されたという。

よくＧＨＱは日本を「解放した」「民主化した」などと言われ、日本人の中にもそう考えている人は多いが、これらの検閲項目を見れば、そうした言葉は口当たりのいいプロパガンダに過ぎないことは一目瞭然だ。何より恐ろしいのは、ＧＨＱが検閲を行っていた事実がひた隠しに隠され、一部の関係者しか知らなかったことだ。

さらに、検閲の目にさらされたのはマスメディアだけではない。一般人の手紙にも及んだのだ。

当時の検閲官の話によると、ＧＨＱのやり方は徹底的だった。

日本人検閲官が手紙を一〇〇通検閲し、その中の五通が問題あるとして上官に提出した場合、残りの九五通を別の検閲官に目を通させたという。その中にもし見落としがあったことが発覚すると、最初に調べた検閲官は解雇されてしまうのだ。非情にも思えるが、当時の検閲官の給料は平均的日本人の約二倍であり、しかも、より多くの情報を報告した検閲官は給料が上がるという仕組みになっていたという。そのため、誰もが見落とすまいと必死になって調べ上げた。

さすがはアメリカ、成果主義が徹底している。こうして、ＧＨＱは成果を出した日本人を優遇することで、検閲の体制を維持していたのだ。

検閲機関には帝国大学（東京大学や京都大学）や早稲田大学、慶應義塾大学などを卒業した、いわば当時の日本の頭脳というべき優秀な人材が数多く集まっていた。その点も見落としてはならない。

当時の知識人の中には、このプレスコードに反対していた骨のある人間もいたかもしれない。しかし、⑤に「アメリカ合衆国に対する批判」とあるように、原爆や空爆によって市民が大量虐殺されたにもかかわらず、アメリカを批判することもできなかった。

こうした検閲の結果、どんな日本人が生まれたのか？

それを考えると身がすくむほど恐ろしくなる。なぜなら、今までさんざん繰り返し述べてきたような劣化した日本人が生まれたからだ。

戦争に対する罪の意識を抱き、世界と対等に渡り合うことができず、自分の世界に閉じこもった人間。アメリカなど権力を持った人間には追従するしかできない矮小な人間……。つまり資質の劣化した日本人が量産されたのだ。

これを〝洗脳〟と言わずして何というのだろうか。

この〝洗脳〟こそが、江藤淳氏が明らかにしたＷＧＩＰの目的であった。

ＧＨＱ、つまりアメリカにすれば、Fareast＝極東に位置する小さな小さな島国の人間が、自分たちに牙を剥くなど考えもしなかったに違いない。

真珠湾に奇襲を仕掛けるほど狡猾で、しかも、戦局が不利となれば、戦闘機に乗って命と引き換えに攻撃を仕掛けてくる。そんなアメリカ人とはまったく異なる日本人の精神性を微塵も理解できず、未知なる恐怖を感じてただただ震え上がったに違いない。

それは誇張でもなんでもない。だからこそ、ＧＨＱは日本が再びアメリカの脅威となることがないように、徹底した洗脳工作を行ったのだ。

それまでの日本人のありようを全否定するところまで陰で徹底的に誘導し、戦争に関して日本人を断罪することでアメリカの正当化と優位性を確たるものにしようとした。

そうやってＧＨＱはマスメディアを徹底的にコントロールした。

戦後の日本人は、「戦争を起こしたのは日本の責任だった」「連合国は日本を解放してくれた」「愛国心は戦争に結びつく」「憲法九条があれば戦争は防げる」などと考えるようになった。いわゆる「自虐史観」であるが、それらはすべてＧＨＱの洗脳工作だったのだ。

今も続く戦後の呪縛とは何か？

◆ＧＨＱの検閲を糾弾した山本七平

このプレスコードに関して、山本七平氏は『ある異常体験者の偏見』（文春文庫）の中でこう書いている。少し長いが引用する。

《軍政と民主主義とはもちろん絶対に相いれない。

『原住民の政府』がいかに民主的外観を装っても、最終的な決定権は『軍』が握っているのであって、投票が握っているのではない。

ところが戦後の日本は、軍政と民主主義の両立・併存という非常に奇妙な形で出発した。

この絶対に両立し得ないものが両立しているかのように見せるには、その背後で密かに民主主義の根本を除去してしまうこと、すなわち一つの詐術が必要であった。

それがプレスコードである。

言うまでもなく民主主義の原則は言論の自由である。そして言論の自由の前提は多種多様な視点からする様々な情報の提供である。

マック（マッカーサー）はこの根本を完全に抑えた。

戦争直後人々は言論が自由になったように思い、戦争中の鬱憤を一気に吐き出す事を言論の自由と錯覚していた。

しかしその背後には、情報の徹底的統制と直接間接の誘導・暗示、報道・論説という形の指示があり、人々はそれを基本にして声を出しているにすぎなかった。

そういう形の言論の自由なら、どこの占領地にもあっただけでなく大いに奨励された。

これが宣撫工作である。

占領下の言論統制やプレスコードの実態は不思議なほど一般に知られていない。

マスコミ関係者はこの問題をとりあげると、必ず例外的な犠牲者を表面に立て、自分はその陰に隠れて、自分達は被害者であったという顔をする。

それは虚偽である。

本当の被害者は、弾圧されて潰された者である。

存続し営業し、かつ宣撫班の役割を演じたのみならず、それによって逆に事業を拡張した者は軍部と結託した戦時利得者でありかつ戦後利得者であって、『虚報』戦意高揚記事という恐るべき害毒をまき散らし、語る事によって隠蔽するという言葉の機能を百％駆使して『戦争の実態』を隠蔽し、正しい情報は何一つ提供せず、国民に全てを誤認させたという点では、軍部と同様の、また時にはそれ以上の加害者である》

このように、山本七平氏は日本の大手マスコミの責任を糾弾している。しかし、当の日本の大手マスコミは謝罪するどころか、微塵も反省していない。自分自身が謝罪も反省もできないのだから、他人に謝罪や反省を促すことなどできるはずもない。

それほど日本のマスコミは厚顔無恥な存在であるのだが、彼らが謝罪も反省もしない理由は一つある。

それは、彼らにとっては戦後が終わっていないということだ。すなわち、彼らはいまだにＧＨＱに押し付けられたプレスコードを順守し、日本人の〝洗脳〟を続けているというのは言い過ぎだろうか。

◆日本のマスコミは〝日和見の反権力〟

このGHQによる検閲に関しては、江藤淳氏や山本七平氏などが一部の著作に記しているだけで、大手マスコミ自身がその存在を明らかにすることはなかった。

ところが最近になって、ようやくマスコミ自身のメスが入った。

二〇一三年五月、GHQに雇われて検閲を担っていた日本人延べ四〇〇〇人の名簿が憲政資料室で見つかったことをNHKが明らかにした。

そこには、一九四八年以降、電話の盗聴や手紙の開封に携わった人々の名前や地位、給与額などが掲載されていたのだ。

当時、検閲を行っていたのは、全国の手紙が集まる東京中央郵便局の中に置かれたGHQの情報機関だった。常時六〇〇人が検閲に従事し、四年間で約二億通が開封された。

この検閲を取り上げた二〇一三年一一月の番組では、戦後英文学者として活躍し、二〇〇〇年に亡くなった甲斐弦氏の日記が紹介された。そこには〝アメリカの手先〟として働いた一人の日本人の苦しみが記されている。

《局の仕事の秘密厳守を宣誓。いわば「いぬ」となるのである》

《自分の仕事のために、何人かの犠牲者が出てくる。新日本建設のためのやむをえぬ犠牲というけれども、なお割り切れぬ、この気持ち。生きるためにCCD（民間検閲支隊）に勤め

て、人の秘密を摘発する。果たして、いずれが是、いずれが非か》
甲斐氏の苦悩がうかがえる言葉だが、彼は悩んだ末に二カ月で退職した。ほとんどの検閲官が、当時はもちろん、戦後も口をつぐみ続けた中、甲斐は二カ月間の体験を日記として書き残した。これは貴重な戦後史の証言だ。

それほど、日本国民に多大な傷痕を与えたプレスコードだったが、一九五二年のサンフランシスコ講和条約の締結によって雲散霧消したはずだった。

しかし、前述した三〇項目にじっくり目を通してみると、現在も日本の大手新聞社やテレビ局がこのプレスコードに準拠して報道を行っていることが分かってくる。いや、準拠どころではない。近年顕著になっている放送禁止用語や新聞の禁則事項などを考慮すれば、ますますエスカレートしているのではないか。

日本のマスコミの左翼的立場、反権力はこのプレスコードに起因しているに違いない。しかし、それも中途半端で、本当の権力には追随する。だから反権力になりきれない。

自分の身は安全なところに置いておいて権力に立ち向かっていく。彼らには命懸けの言論など存在しない。命懸けの言論を展開すれば、絶対に批判を受け、狙われるかも分からない。日本にそんな覚悟のあるジャーナリズムなど存在しない。

これを名付けて、「日和見の反権力」という。

会社に守られたジャーナリストが命懸けの言動などできるわけがない。新聞社、テレビ局は自前の人たちを現場に出さない。危ないところに出さないで、なんで報道などできるのか。それなりの保険をかけて、命令ではなく、志願をさせてやるべきなのだ。

プレスコードは今も日本の大手マスコミの中に連綿と息づいているのだ。

◆GHQが検閲を行った真の理由とは?

それではなぜ、GHQは日本人を洗脳しようとしたのだろうか?

前述したように、アメリカは自分たちに刃向かった日本に畏怖を感じていた。アリが巨象に立ち向かうようなものであったのかもしれないが、世の中にはジャングルに住む軍隊アリのように、何十万匹、何百万匹で行動し、牛や馬でさえ弱っていれば食いちぎってしまう恐ろしいアリだっている。アメリカ人は日本人に対して、説明のつかない、本能的・根源的な恐怖を感じたのであろう。

第二次世界大戦が終了した直後、マッカーサー元帥率いるGHQが日本にやって来た。そのとき、GHQは日本人がたくましく前を向いて生きている姿を見て驚いたのだ。

また、日本のマスコミが機能していることにも驚いたのだ。アメリカは日本を完膚なきまでに破壊したはずなのに、NHKラジオは放送を継続しており、朝日新聞、毎日新聞、読売新聞などもページ数はわずかながらも発行を続けていた。しかも、ごく少数のアメリカ兵が起こした婦女暴行事件や略奪行為をしっかりと報道していたのだ。

このことがGHQを激怒させた。そこで彼らは、開戦直後に日本軍がフィリピンのバターン半島で捕虜移送中に残虐行為を働いた「バターン死の行進」に目を付けた。この記事を朝日新聞、毎日新聞、読売新聞のほか全国約六〇紙に掲載させたのだ。

これに朝日新聞は猛反発し、GHQの批判記事を掲載。一九四五年九月には、鳩山一郎衆議院議員（当時）の談話を掲載した。

《〝正義は力なり〟を標榜する米国である以上、原子爆弾の使用や無辜の国民殺傷が病院船攻撃や毒ガス使用以上の国際法違反、戦争犯罪であることを否むことは出来ぬであらう。極力米人をして罹災地の惨状を視察せしめ、彼ら自身彼らの行為に対する報償の念と復興の責任とを自覚せしむること、日本の独力だけでは断じて復興の見通しのつかぬ事実を率直に披瀝し日本の民主主義的復興、国際貿易加入が米国の利益、世界の福祉と相反せぬ事実を認識せしむることに努力の基礎を置き、あくまで彼をして日本の復興に積極的協力を行はしむるごとく力を致さねばならぬ》

アメリカの戦争犯罪を糾弾したこの記事は、GHQの逆鱗に触れた。その結果、朝日新聞は九月一八日から四八時間の発行禁止処分を科せられたのだ。プレスコードの発令はその三日後であった。たった二日間の発行停止処分の影響は大きかった。朝日新聞の論調は一八〇度変化し、それ以降、プレスコードを順守したGHQ寄りの報道になっていく。

このことからも分かるように、プレスコードの発令はアメリカが日本のメディアを支配した瞬間であった。

ここで大変興味深いエピソードを一つ紹介する。

GHQがマスコミを検閲する過程で都合の悪い記事を発見したとする。そんなとき、抹消した記事の代わり、いわゆる〝埋め草〟として何を使っていたかお分かりだろうか?

答えは、当時、アメリカで発売されたばかりの電気洗濯機や電気掃除機の記事だ。

当時の日本人がアメリカの電化製品や車に憧れた話は誰もが知っている。戦後に少年時代を送った日本人にとって、アメリカの大きくて派手な車や最新式で便利な電化製品、そして総天然色で眩いばかりの映画など、彼らが持つ文化は憧れの的であった。天才漫画家の手塚治虫がディズニー映画を観て漫画家を志したエピソードは有名な話だ。

そうやってアメリカ大好きな若者たちが次々と生まれていったのだ。

しかし、その背景にこうした徹底的な検閲制度があったことを知る人は少ない。実に恐ろしいたくらみが陰で進行していたのだ。

今こそＧＨＱの呪縛を振り払うとき

◆プレスコードの〝呪い〟は今も続く

プレスコードによるＧＨＱの〝洗脳〟は、今も解けていない。それは、マスコミがどんな状況に敏感に反応するかを冷静に見ているとよく分かる。

その一つが二〇〇〇年五月一五日に森喜朗総理（当時）が発言した、いわゆる「神の国発言」だ。

森総理は神道政治連盟国会議員懇談会の中でこう述べた。

「日本の国、まさに天皇を中心としている神の国であるぞということを国民のみなさんにしっかりと承知して戴く、そのために我々が頑張って来た」

この発言は政教分離に反するとして、朝日新聞などマスコミから大バッシングを受けた。先の三〇項目を見れば、バッシングの背景にプレスコードがあるのは一目瞭然だ。

また、二〇一五年九月に可決された安全保障関連法案に関して、朝日新聞などは「戦争法案」としてアンチ・キャンペーンを張っている。彼らマスコミの人間にとって安保法案は、⑭の第三次世界大戦への言及、⑯の戦争の擁護の宣伝、⑱の軍国主義の宣伝に相当する問題なのかもしれない。

つまるところ、ＧＨＱの検閲制度とＷＧＩＰは戦前の日本に対する批判意識を日本国民に持たせ、新憲法に対する絶対的な信頼をもたらしたと言っても過言ではない。まさに、戦後の日本人の精神構造はＧＨＱの〝洗脳〟によってつくられたのである。

僕はあえて言いたい。

今の脆弱な日本と日本人を作ったのは戦後にある。

そして、日本人の弱点を作った一番の原因は戦後のＧＨＱの検閲制度である、と。

そこで日本という国家のありようが大きく揺らいだのだ。他国の占領下にあって、検閲という名のもとに、新聞、雑誌、ラジオなどもすべて支配されていた。一般の国民が出す郵便物一つまでも全部チェックされていた。

敗戦から七〇年が経った今も続く検閲制度、それがどれだけの影響を与えているかを考えると背筋が震えるばかりだ。しかし、震えているだけでは前に進まない。それが戦後の日本が根源的に抱える危機であれば、それを解き放つしかない。

危機管理の手法にしたがって、情報を集め、分析し、対処して判断を下すしかない。

◆得意顔で歴史を改竄するマスコミ

ＧＨＱの呪縛が解けていないにもかかわらず、当のマスコミは、自分たちが言論の番人的役割を果たしていると考えている。これを厚顔無恥と言わずして何と言うのか。

それはたとえば、二〇一五年六月二五日に行われた自民党の勉強会で、安全保障関連法案に関して、小説『永遠の0』などで知られる作家の百田尚樹氏が発言した「沖縄二紙をつぶせ」といったコメントに対する反応にも表れる。

メディアは百田尚樹氏に発言の本意を確かめることもせず、「報道機関に圧力をかけるような発言だ」「言論弾圧だ！」と主張して大騒ぎを始めた。

僕にはこの件に関して、マスコミが言うところの「言論弾圧」の意味が理解できない。百田尚樹氏には表現の自由があるはずだし、そもそも新聞社を潰せるような力はない。逆に、百田尚樹氏がどうやったら言論弾圧ができるのか教えて欲しいくらいだ。当然、百田尚樹氏に「潰せ！」と言われた二紙は一生懸命に「言論弾圧だ！」と主張しているが、そういった行為自体が言論弾圧そのものではないかと僕には思える。

さらには日本のマスコミによる〝言葉狩り〟だ。

新聞社や通信社にはそれぞれ「用字用語集」と言われる冊子があって、そこには用字用語の統一の目安のみならず、〝差別用語〟として使ってはいけない言葉が掲載されている。同様に、テレビ局やラジオ局では放送禁止用語を決めている。

例えば「女中」「土方」「めくら」「びっこ」「気違い」など数百に及ぶ用語が、今では新聞やテレビ、ラジオなどでは使えない。土方については、二〇一二年の大晦日に放送されたＮＨＫの

「紅白歌合戦」で、歌手の美輪明宏氏が「ヨイトマケの唄」を歌い、歌詞にある「土方」をそのまま歌ったことが話題を呼んだ。この歌は土方という差別用語が歌詞にあることから、テレビではあまり放送されることがなかった。

ところで、先ほど僕は〝一億総白痴化〟と書こうとして、白痴が変換できなかった。詳しい理由は分からないが、白痴という言葉が新聞やテレビで使えないことは明白だ。この言葉は評論家の大宅壮一氏が一九五〇年代の日本を表現した名言であり、流行語だ。

白痴は重度の精神遅滞者を指すことから、テレビ局が約二〇年前から放送を自粛している言葉なのだという。だとしたら、ドストエフスキーの同名小説にしても、その小説を基にした黒澤明氏の同名映画にしても、その存在を抹消されてしまうのだろうか？

そう考えると実に恐ろしいことだ。政府がすべての人間の行動を監視する管理社会の恐怖を描いたジョージ・オーウェルの『一九八四年』や、禁書が焼き捨てられてしまうレイ・ブラッドベリの『華氏４５１度』の世界が、現代日本で実現していたことになる。

ないことにされてしまうのは言葉だけではない、先の土方にしても、一億総白痴化にしても、そういった言葉が消えてしまうということは、その言葉が生き生きと使われていた当時を語ることができなくなり、歴史を振り返ることもできなくなることを意味する。

言葉を言い換えるということは、歴史を改竄してしまうようなものだ。

今の日本のマスコミは、平然と歴史の改竄を行っているのだ。

日本の伝統、文化に根差している言葉すらもなくそうとしている。このままでいけば、福澤諭吉が訳した「競争」という言葉もなくなるかもしれない。

話は飛ぶが、日本の最大の問題は競争がないことだ。一位を決めないで、それぞれの個性を尊重すると言えば聞こえはいいが、競争がなければそこに進歩はない。和気あいあいのままでは新しいことは何も生まれない。

勝手に文をつづる新聞社や放言を重ねるテレビ局が、不思議なことにいつの間にか権威機関に成り上がり、用字用語集なるもので使う言葉を決めている。それは日本の良さをダメにし、日本語の豊穣さ、文化、これを根絶やしにしようとしているのではないか。

◆今こそ日本人の誇りを取り戻そう！

先の百田尚樹氏の一件も、プレスコードの④にある「検閲制度への言及」に触れているからマスコミが過剰反応していると考えれば合点がいく。

「言論弾圧だ！」と言った時点で反発して思考停止状態に陥り、事態をまったく検証しようとはしない。そうやって戦後のマスコミ、日本人は延々と何度も何度も思考停止状態を繰り返し、自分たちで徹底検証し、決断することを放棄してしまったのだ。

だから日本人は危機管理において決断を下すことができないのだ。

ある程度のところまでは検討できても、結論を下すことなく、大事なところで「まあまあ、このあたりで……」といった空気に支配されて、つねに問題を先送りしてしまう。それが日本の危機管理システムにおけるウィークポイントである。

毅然とした態度で決断を下すリーダーが日本に生まれない理由もそこにある。

しかし、いつまでもこのままでいいはずがない。

戦後の日本がＧＨＱの検閲制度とＷＧＩＰによって作られたということは明らかなことだ。戦後、日本の国家体制がアメリカという第三者によって作られたものであり、与えられたものであった。新憲法の条文を個々に見ていけば分かるように、今の日本は基本的に国の〝体〟をなしてないのだ。

国の体をなしていないというのは、この国をどういうふうに守っていったらいいかということを一切書いていないという意味だ。そこに関係してくるのがＷＧＩＰだ。

アメリカは日本人自身に戦争を起こしたのは自分たちであるという〝ギルト＝罪〟を信じ込ませ、自分たちは前科者だから自ら判断してはいけないという意識を植え付けた。

誰だって、前科者には武器を持たせたくないはずだ。平和のために武器を持たせないのではない、東洋の野蛮人に武器を持たせたら危なくて仕方がないから持たせないのだ。

新憲法はアメリカが日本を守るという暗黙の前提で書かれている理由もそこにある。

そこにはおそらく非武装政策、つまり、マッカーサー元帥もよく言っていたように、「東洋のスイスたれ」という意味も込められているのだろう。スイスは中立であると同時に武力を保持している（武装中立）が、その武力に関してはアメリカが担うわけだ。

しかし、それはきれいごとであって、一方でアメリカは内務省という、ある意味で重要な情報機関を分断し、警察も国全体で動ける形ではなく、自治体ごとに分権化してしまった。その点はアメリカもそうだが、アメリカにはＦＢＩ（連邦捜査局＝Federal Bureau of Investigation）という州をまたいで活動できる調査機関がある。日本を縦割りのままで据え置きにして、横断組織を作らなかったところにも意図的なものを感じる。

要するにアメリカは、日本をあらゆる意味で、一つの国として動けないように分断してしまったのだ。

分かりやすい言葉で言えば、ＧＨＱのやったことは文字通り、日本を〝骨抜き〟にすること。そして、それは本人すら知らないという、きわめて洗脳に近い形で行われた。

しかし、たとえ洗脳が徹底的なもので、マスコミは今も完全に洗脳の呪縛から解き放たれていないとしても、一つの光明はある。

これは僕の推測だが、たとえば東日本大震災のような大災害が起きて物資が枯渇していると き、わずかな食料や生活必需品を手に入れようとして暴動を起こした人間はいない。

一部ではあったかもしれないが、きわめて局所的だ。自衛隊が運んできたそうした支援物資を我先に手に入れようと他人を押しのけて力ずくで手に入れた人間もいない。しかも、そうしてはいけないと誰も指導していないにもかかわらず、だ。

アメリカ人にすれば、何で支援物資を整然と受け取っているのか不思議であったに違いない。アメリカであれば、我先に手に入れようとして暴動や小競り合いがあちこちで起きるはずだと。なんで被災者が秩序正しくしていられるのか不思議に思ったに違いない。

そうした日本人の整然とした態度は世界から賞賛を受けた。もちろん、そうした見方も正しいし、同じ日本人として嬉しいが、僕の見方はそれだけではない。

アメリカからすれば、本当に驚いたはずなのだ。もし、マッカーサー元帥が生きていれば、自分たちが解体したはずの日本人の精神性が根強く残っていることを不思議がっているかもしれない。

いくら洗脳しても、日本人の根源的な精神性はまだまだ残っているのだ。

今の日本人は脳死状態にあると、これまで僕は何度も言ってきた。そして、日本人の脳を死滅状態に陥らせたのは、どう考えても、このＧＨＱの洗脳にあると思っている。

だとするならば、この恐るべき洗脳を完全に解いて、ＧＨＱも奪い取ることができなかった個々の日本人が心の奥底に今も持っている日本人の精神性を自覚し、家族、地域、社会、学校、企業、国において活性化することができれば、本来の日本、日本人を取り戻し、〝まともな〟国になることができるかもしれない。

第七章　日本人の誇りを取り戻そう！

――自分の頭で考え、判断できるようになる

日本が〝まともな国〟になるために！

◆戦後日本はまともな国ではなかった⁉

ここからは、これから日本と日本人はどうすればいいのか、僕なりに考えてみたい。

今、僕は、第二次世界大戦後、イギリスの首相だったウィンストン・チャーチルが言った言葉を思い出している。国際政治学者で京都大学名誉教授の中西輝政氏の『日本人として知っておきたい近代史』（ＰＨＰ新書）によると、チャーチルは日本人には気の毒なことをした。たいした罪もないのに、日本という国を滅茶苦茶にしてしまった、という意味の言葉を話したあと、こう言ったという。

「これだけの大敗戦を経験したのだから、日本が元のまともな国に戻るには、今後一〇〇年はかかるだろう」

明治期に日光、箱根、京都を旅したことのある母親ジャネットの影響で、チャーチル自身も日本には好意を持っており、かなりの親日派であったという。

何をして〝まともな国〟と呼ぶのか僕には分からないが、戦後の負の遺産とも言えるＧＨＱの検閲制度とＷＧＩＰを知るに至り、まともな国になるまで一〇〇年かかるというチャーチルの言葉がすっと腑に落ちたのだ。

今のまともではない日本人を作ったのは戦後なのだと、ここまで本書を読んでいただけた方にはお分かりのことだろう。

チャーチルがどこまでＧＨＱがやったことを知っていたのかは定かではない。しかし、今の日本がこの言葉にあるようにまともな国ではないのは確かだ。過去を否定し、強国の言いなりで自分を守る術もなく、自分の意見を堂々と主張できない国……そもそも、占領下で作られた憲法を独立後も自ら作り変えようとせず、国の外交、安全保障戦略を不問に付したまま今日まで来ているのだから、当然、まともな国とは言えない。

戦後七〇年が経ったが、チャーチルの言葉に従えば、あと三〇年はこの状態が続くことになる。にもかかわらず、ほとんどの日本人はまともでない国を普通と勘違いしているのではないだろうか。

何度も述べてきたように、世界情勢は大きく変わりつつあり、日本をめぐる危機的状況は悪化しつつある。国の借金は増大の一途をたどり、大企業の不祥事は相次ぎ、世界情勢は中国の台頭で先行き不安な状況が続いている。

さらには、本書執筆中の二〇一五年一一月一三日にフランスのパリで起きた大惨事のように、人々に〝恐怖〟を与えるテロ事件も頻発している。

今、変わらなければ変わる機会を逸したまま日本は衰退し続け、二〇年後、三〇年後には極東の三流国、いや、四流国に成り下がっているかもしれない。

僕はそんな日本の姿など見たくはないし、僕の子どもたちを含めた若い人たちにそんな状況を味わわせたくない。だから僕は小さなところからでも変えていきたいと考えて、大学で教鞭を執ることにした。この本に込めた思いもそこにある。

◆まともな国になるための処方箋とは?

それでは、チャーチルが想定しているまともな国とは何だろうか?

まともな国……その概念を規定するのは難しいが、今の日本に足りないもの、欠けているものは何かを考えていくと分かりやすい。

まず、第二次世界大戦の敗戦によって日本が大きく変わったのだから、振り返るべき分岐点はそこにある。そして、最も重要なカギがGHQのプレスコードにあるのは間違いない。まずはプレスコードの呪縛を解いて、戦前にあったはずのものを自ら取り戻すことが、これからの日本が歩むべき道の第一歩だと僕は考えている。


少なくとも戦前までの日本人は、程度の違いはあっても誠実さと勤勉さに満ちていた。「和を以て貴しとなす」と言ったのは聖徳太子だが、農耕民族であった日本人は調和と誠実さ、勤勉さを旨としてきた。その後、群雄割拠の戦国時代を経て、幕末、明治維新以降、日本は欧米列強と肩を並べるべく邁進してきた。当時の幕末の賢人たちは欧米各国の言いなりになるのではなく、日本人としての威厳を持って交渉したのである。

そして、日清、日露の両戦争に勝利を収めたとき、間違いなく日本は欧米列強と肩を並べたのだ。特に日露戦争の勝利は、非白人国家が初めて白人国家に勝利を収めたことが、インドなど植民地化されたアジア諸国に勇気を与えたのは紛れもない事実だ。

しかし、その面影は今となっては微塵もない。大国アメリカに追従し、お隣の中国には庭先まで入られても文句の一つも言えない嘆かわしい状態だ。

前にも述べたように僕は若い頃、メキシコに留学していた。そのとき、マヤ文明を築いたマヤ人の末裔と言われている人たちの姿を目にしたことがある。

マヤ文明は紀元前三世紀から九世紀ごろまで、現在のメキシコ南東部やグアテマラに栄えた文明だ。四万種類もの文字を持ち、二十進法を用いるなど数学の知識も持っていた。天体観測にも優れ、「マヤ暦」と呼ばれる正確な暦も持っていた。きわめて高度な文明を築いた優秀な民族だったのだが、のちにスペインの侵略によって滅ぼされてしまう。

現地でマヤ人の末裔と会ったとき、失礼な話だが、僕には目の前にいる人たちが高度な文明を誇ったマヤ人であるとはまったく思えなかった。いかに高度な文明を築こうとも、西洋人の狡猾さと近代兵器によって途絶させられる。乱暴な言い方を承知で言えば、文明が断絶するとはこういうことかと思った。

それと同じことが、日本で絶対に起きないと言い切ることができるだろうか。

そうならないためには、本書の冒頭で述べた幣原喜重郎の言葉のように、正義だけを無闇に信奉していてはいけないと僕は考える。正義はダメだと言っているのではない。正義を達成するためには力が必要だ。「力なき正義は無力なり」と哲学者パスカルも言っているではないか。

世界にはさまざまな人種や民族、宗教がある。そうした異なる背景を持った人間の中には、必ずしも善意で近づいてくるのではなく、悪意を持って接してくることも往々にしてある。そのことを認識しておかないといけない。難しく言うと、文化の違いに対する感受性の鋭敏さの問題である。

僕は決して「ずるくなれ」と言っているのではない。しっかりと相手のバックボーンを見きわめた上で接することが大切なのだ。必要なことは自分の頭で考えることだ。それが〝察する〟ということだ。

この人は何をしようとしているのか？　表面では笑顔を見せながらも、その裏でしっかり相手の考えを読むことが大事だ。善意のふりをして近づいてきた相手が、こちらが油断して背中を見せた瞬間に刃物でグサリと斬りかかってくることだってあるのだから。

相手を無条件に信頼するなど論外で、情報収集、分析、判断をしっかりした上で接する。それこそが危機管理の要諦でもあることを忘れてはいけない。

そのためには、こちらも〝眼力〟を持たないといけない。伝統を大事にするのはもちろん、しっかり精神を研ぎ澄ませて相手を見て、さまざまな情報を基に自分の頭で考えて判断する――

それが大事なことだ。

◆単一言語、単一民族の特殊な国・日本

前述した調和と誠実さ、勤勉さを旨とする日本人の民族性が生まれた背景には、当然、地理的、歴史的な側面がある。

日本は、基本的にほぼ単一民族で、北から南まで同じ言語が通じるという特殊な社会である。僕は、日本は特殊な社会であることを強調しておきたい。そこでいざこざがあっても、最後は〝まあまあ〟で事を収める。そこには、意見や主張のぶつかり合いになっても、断固として自我を主張するという意識はない。その点は明らかに単一言語、単一民族の世界だ。

また、日本人ならではの特殊な思考が形成されたのは農耕民族であることによるところも大きい。農業においては集団で物事を進めていくことが必要で、とても一人では生きていけないからだ。ただし、そこには確固たるリーダーが必要なわけではなく、生きていく糧を得るためには生産性の高い人間のまねをすればいいだけだ。それが現在も色濃く残っていることは間違いない。

かつて僕が国連から帰ってきたとき、カルチャーショックを受けたのが「忘年会」だ。日本人は毎年毎年、一二月になると〝年を忘れてしまう〟のだ。僕も知らず知らずのうちにそこに溶け込んでいる自分を見出すことがある。

でも、なぜ忘年会なのか？　それは、日本人が農耕民族だからだという理由以外、なかなか説

明がつかない。

農業は、夏の一時期に太陽の光をどれだけ浴びたかによって収穫が決まるシステムだから、もし今年の収穫が悪かったとしたら、来年は豊作の年になるように祈るしかない。要するに天に任せる以外にないから、今年の苦難は忘れようということで、忘年会を開いてとことん酔っぱらうのだ。

本当に不思議だ。現在、日本の就職者数のほんの数パーセントしか農業に従事していないにもかかわらずだ。

そんな国は世界を見ても日本以外にない。他のアジアの農耕民族は二毛作、三毛作が可能であり、同じ農耕民族でも一毛作の日本とはまったく違う。

年の瀬に今年を忘れるということは、過去の歴史、出来事の積み重ねを忘れるということにつながってしまうのではないか。それが日本ならではのオリジナルの文化を生んだ要因だろう。

さらに、地理的に見ても、基本的に四方を海に囲まれている現実がある。しかも、日本列島の西は日本海で、東は太平洋だ。日本海は荒海だから、豊臣秀吉のような朝鮮出兵はあったものの、なかなか個人で大陸に渡ろうとしても簡単ではない。太平洋は太平洋で広すぎる。だから、マルコ・ポーロやマゼラン、バスコ・ダ・ガマ、コロンブスのような探検家、冒険家は生まれない。

そういう意味で日本は完全に途絶した社会だった。歴史的に見ても、元寇以外に異民族が侵略に来たという歴史もほとんどない。それはまさに日本の特徴だ。

にもかかわらず、独自の判断で生きた人々がいることに僕は注目したい。

戦国時代、織田信長は「南蛮（西洋）かぶれ」と言われ、イエズス会の人間と交流を持った。南蛮渡来の品々を愛用し、正親町天皇を招いて開催した「京都御馬揃え」ではビロードのマント、西洋帽子を着用。晩年、戦場に赴く際には南蛮胴を身に着けていたことはよく知られている。しかし、決してキリスト教を信じることはなく、イエズス会との交流は火薬を手に入れるためだったという。

信長は自分ならではの確たる価値基準を持っていて、全面的に西洋を崇め従うのではなく、自分にとって利となるものだけを取り入れていたのだ。

「天下布武《てんかふぶ》」――信長が唱えたこの言葉は、武力で国を治めるという意味ではない。〝暴を禁じ、戦をやめ、大を保ち、功を定め、民を安んじ、衆を和し、財を豊かにする、の七つのこと（七徳）ができる人間が国を治めるに相応しい人間である〟という『春秋左氏伝』の一節に由来する。

信長は国家のリーダーたるに相応しい見識を持っていたのだ。

戦前までの日本人は誇り高かった！

◆世界と対峙していた日本人がいた

幕末に黒船がやって来たときも、当時の人々には他国に日本の将来を依存させるなどという考え方はなかったはずだ。日本が開国か否かで揺れる中、吉田松陰にしても、西郷隆盛にしても、勝海舟にしても、自分たちが国難に当たるという気概を持っていた。

『氷川清話』など勝海舟の著作を読めば、今さらながら彼の慧眼に驚く。

《男児世に処する、ただ誠心誠意をもって現在に応ずるだけのこと。あてにもならない後世の歴史が、狂と言おうが、賊と言おうが、そんな事は構うものか》

《生死を度外視する決心が固まれば、目前の勢いをとらえることができる。難局に必要なことはこの決心だけだ》

《国といふものは、独立して、何か卓絶したものがなければならぬ。いくら西洋々々といっても、善い事は採り、その外に何かなければならぬ》

また、西郷隆盛もこんな言葉を残している。

《命もいらず、名もいらず、官位も金もいらぬ人は、始末に困るものなり。この始末に困る人ならでは、艱難をともにして国家の大業は成し得られぬなり》（『西郷南洲遺訓』）
《我が家の遺法、人知るや否や、児孫のために美田を買はず》（『大西郷全集』）
《志を貫くためには、玉となって砕けることを本懐とすべきであって、志を曲げて瓦となってまで、生きながらえるのは恥とする》（『西郷南洲遺訓』）

最後に紹介するのは吉田松陰の名言である。

《人間が生まれつき持っているところの良心の命令、道理上かくせねばならぬという当為当然の道、それはすべて実行するのである》（『講孟劄記』）
《君子は何事に臨んでも、それが道理に合っているか否かと考えて、その上で行動する。小人は何事に臨んでも、それが利益になるか否かと考えて、その上で行動する》
《『国家とともに』という志がないならば、人ではないのである》（『講孟劄記』）

これらの言葉から、彼らはみな自分なりの物差しを持っていて、それで自分を律していたことが分かる。個であると同時に国のことを考え、大局を見ていた。今の政治家にそれができているだろうか。幕末の賢人たちほどの覚悟を持って国難に当たっている政治家はいるだろうか。仮にも政治家を名乗るなら、吉田松陰が言っているように〝「国家とともに」という志がなければいけない〟のである。

選挙中の国会議員候補がポスターに「志」と書くことと、実際に〝志〟を有していることとは月とスッポンほどの違いがある。

欧米の人間にどう言われようが、内政干渉は絶対にさせず、決して欧米の言いなりにはならなかったのだ。そして、吉田松陰は牢獄で斬首刑に処され、西郷隆盛は切腹した。

◆孤高で気高い精神を持つ日本人

また、明治の軍人・乃木希典将軍もまた立派な人格者であった。

第三軍司令官として日露戦争に出征する直前、長男の勝典が南山の戦いで戦死を遂げる。乃木将軍には次男・保典がいたが、保典まで命を落としたのでは乃木家が絶えてしまうと憂慮した師団長が、保典を司令部に異動させる命令を出す。

しかし、その一件を聞いた乃木将軍は師団長に保典を前線に戻すよう命じた。前線に戻った保典は、四日後、実弾を受けて死亡する。

保典の訃報を聞いた乃木将軍はこう言ったという。

「よく戦死してくれた。これで世間に申し訳が立つ」

愛する二人の息子を亡くした乃木将軍の心中は察するに余りある。しかし、毅然としてそう言い切れる覚悟はたとえようがないほど素晴らしい。

しかも、出征前に乃木将軍は、「父子三人が戦争に行くのだから、誰が先に死んでも棺桶が三つ揃うまでは葬式は出さないように」と夫人に言葉を残していたのだ。

その後、乃木将軍は日露戦争の英雄として凱旋し、明治天皇に謁見する。

そこで明治天皇は「乃木、君の命は俺の命だ」とおっしゃられた。

戦勝報告を終えたら自害するつもりだったに違いない乃木将軍の心中を察し、明治天皇は命を粗末にするなと命じたのだ。乃木将軍は明治の世を生き抜き、一九一二年九月一三日、明治天皇の大葬が行われた日の夜、夫人と共に自刃する。

また、日露戦争においては一つ言っておきたいことがある。

一九〇四年から一五五日間にもわたって繰り広げられた旅順要塞の攻防戦においては、日本軍の戦死傷者が約五九四〇〇人、ロシア側が四六〇〇〇人と双方ともに多大な被害を出した。旅順開城後、日本軍は日本兵のみならず、亡くなったロシア兵の戦没者を丁寧に埋葬し、一九〇八年三月に「旅順陣歿露軍将卒之碑」が完成した。ロシアの人々は、敵の慰霊碑を建てる国など知らないと感激したという。

敵国人にも尊敬の念を注ぐという意味では、第二次世界大戦においても激戦が行われた硫黄島の戦いが有名だが、戦後、合同の慰霊祭を行っているし、戦時中、東京都青梅市にB29が墜落した際、地元の人々は遺体を丁重に葬り、墜落地には慰霊碑を建てたという。これは青梅だけでなく、日本各地に同様の慰霊碑がある。

こうした日本人的な美談を、かつては「修身」といった授業を通して学校でも教えていたものだ。しかし、戦後、修身教育はGHQによって廃止された。

彼らはみな主義主張が一貫しており、最後まで主張を〝転向〟することなく短い生涯を終えた。吉田松陰に至っては三〇歳の若さで処刑された。今の政治家はどうか?

安保関連法案の採決をめぐるやりとりの中で、法案に反対する民主党の議員が、過去に法案に賛成していた事実を自民党の議員に暴かれて動揺していたようなケースもある。国会議員になって何をやりたいか、一貫したビジョンがないから、その時々で主義主張を変えることも日常茶飯事。そんな議員が国の舵取りなどできるわけがない。

◆日本人を愛した元駐日フランス大使

こうした美談をもっともっと取り上げて、しっかりと学校で教えることが重要なのではないか。その意味では、「修身」教育も必要だ。古来より伝わる、そうした日本人の良さを伝えることこそが、教育者の使命なのだ。

修身という言葉を出すと。戦後の検閲の悪影響なのかもしれないが、日本人はみな口を閉ざしてしまう。しかし、修身は決してナショナリズムではない。人として正しい道を説くことなのだから、教えて悪いはずがないではないか。

ただ、そうした偉人たちの美談を取り上げると、それは偉い人だから自分たちのような一般人とは違う……そう考えて思考を停止してしまう方も多いと思う。しかし、実はそうではない。名もなき無名の人々だって美しい心を持っていたのだ。

司馬遼太郎氏が日本文学者のドナルド・キーン氏と対談した『日本人と日本文化』（中公文庫）の中で、元駐日フランス大使のポール・クローデルのことを紹介している。

ポール・クローデルは女性彫刻家カミーユ・クローデルの弟で、自身も劇作家、詩人、著作家と多才な人物であった。彼は一九二一年から一九二七年まで駐日フランス大使を務めた。文楽・歌舞伎・能などの伝統芸能や日本美術、日本建築を愛した彼は、一九四三年に行われたパリの夜会で次のように述べたという。

「私がどうしても滅びてほしくない一つの民族があります。それは日本人です。日本の近代における発展、それは大変目覚しいけれども、私にとっては不思議ではありません。日本は太古から文明を積み重ねてきたからこそ、明治になって急に欧米の文化を輸入しても発展したのです。どの民族もこれだけの急な発展をするだけの資格はありません。しかし、日本にはその資格があるのです。彼らは貧しい。しかし、高貴である」

これを読んで、あなたはどう感じるだろう。

一九四三年と言えば第二次世界大戦で日本の敗色が濃くなった頃である。しかも、フランスからすれば日本は敵国。その敵国・日本が滅びて欲しくないと堂々と発言したポール・クローデルもさすがだが、彼にそう発言させた日本人の「高貴さ」こそ立派であると思いたい。こうした日本人の心根を「清貧」と呼ぶのだ。

そして、見逃してほしくないのは、「太古から文明を積み重ねてきたからこそ、明治になって急に欧米の文化を輸入しても発展した」と言っている点だ。

しっかりとした文明の積み重ねがあるからこそ国として成長できるのである。逆に言えば、断ち切られた文明は衰退するのだ。であるならば、戦後、断ち切られた文明をもう一度つなげることがこれからの発展につながるのではないかと僕は考える。

これまで僕は、日本人がいかに劣化したのかを述べてきたが、日本人の心の奥深いところには高貴さがあるのだ。どんな苦境のときでも、相手がどんな人間であっても発揮される日本人の高貴さ。その高貴さに外国人は圧倒されるのだ。

その高貴さは今の日本人にはないのだろうか?

僕はあると思う。それは普段は発揮されないとしても、自然災害が起きたときに十二分に発揮される。先に述べたように、東日本大震災の際も避難所に逃れた日本人は粛々と事態を受け止めていた。救援物資が集まった場所を襲って略奪するような暴動が起こることもなく、被災者は静かに並んで必要な物資だけを受け取っていくのだ。

今、僕は日本人の高貴さと言ったが、その高貴さ、あるいは規律正しさが生まれた背景には、社会の目＝お天道様を気にしている日本人の精神性があると考える。

日本人は、社会の目があるときは規律正しい国民だ。東日本大震災で暴動が起きなかったのも、社会の目＝お天道様が見ていたことが理由の一つとして挙げられるだろう。

しかし、今、日本の文化、伝統はその支柱が、その原点がどこにあるのか分からなくなりつつあるのではないだろうか。それは、社会の目＝お天道様の存在を信じる人が少なくなっているというのが理由の一つだと僕は思う。

国際連盟事務次長や東京女子大学の初代学長などを務め、日本で最初の国際人とも呼ばれる新渡戸稲造に、名著『武士道（Bushido：The Soul of Japan）』がある。この『武士道』は、ドイツ語、フランス語にも翻訳されて世界中で話題を呼び、セオドア・ルーズベルトやジョン・F・ケネディなど、アメリカ大統領にも愛読されたという。

その最終章で新渡戸稲造は、《武士道はやがてなくなる》と書いている。確かに今、日本人の規律正しさも高貴さもなくなりつつある。ということは、今のままで行けば日本は間違いなくダメになるということだ。かといって、それに代わる精神性もない。

しかし、そんな時代だからこそ、高貴さを大事にしなければならない。では、具体的にはどうしたらいいか？　それは結局、いつ死んでも恥ずかしくない人生を生きることではないか？　死ぬときに、いい人生が送れたと思えるのかどうかなのではないか？

仏教では「自分が正しいと思うことをやりなさい、人のためになることをやりなさい」と言っている。比叡山を開いた最澄は「自利利他」を説いた。自らの悟りのために修行し努力すること（自利）と、他の人の救済のために尽くすこと（利他）、この二つをともに完全に行うことが仏教の理想なのだと言っている。

これは利他を実践すればいつかは自分の利益になるという考えではなく、利他の実践そのものを自分の幸せとするという考え方だ。

では、何をやればいいのか？　それは自分で考えて決めるしかない。

だからこそ仏の教えは厳しいのだ。結局、そこに行き着くのではないか？

今の日本人が自分のために努力するだけでなく、他人のために努力することができるようになれば、日本はもっと良くなるに違いない。

〝考える〟ことはすべての基本である

◆自分たちが国を作るという意識を持つ

それでは、これからどうするのか？

僕なりの極端な意見を言えば、最後は自分自身で考えるしかない。結局のところ、考えることは人としての基本であり、自問自答するしかない。自問自答し考えることで、一人ひとりの意識が変わり、意識が変わった人間がより良い日本を作っていくのだ。

究極の形としてはそれしかないし、それが国として理想の形だ。

戦前の日本人らしさを取り戻し、そこにプラスαを加える。それが正しい道だと僕は思う。そこで僕なりに導き出したプラスαとは、「判断力」だと思う。

判断力をつけるためには、情報を集め、分析し、判断しなければならない。そのためには考えることが必要だ。つまり、自問自答し、自分の頭で判断することに尽きる。判断の背景としての考える行為は、前述したように対象と深く交わらない限りできない。そして、自分が当事者意識を持たないと対象としっかり交われないのだ。

考えることが人間を他の動物とは違う存在にしているのだから、やはり、徹底的に考えなければいけないし、考えることで人間力が養われるとも言える。

しばらく前、一人の科学者が千葉科学大学のある銚子まで僕を訪ねて来てくれた。それが東北大学特任教授を務める笠間康彦博士だ。

彼は長年にわたって炭素原子の研究を続け、名古屋大学や東北大学の学者を巻き込んだ研究の中で、ついに世界で初めて炭素原子からリチウムイオンを内部に含む「フラーレン誘導体」を作り上げた。門外漢ゆえうまく説明できないが、この物質は新型太陽電池の効率を上げる研究に用いられるほか、医療分野への応用も期待されているという。

このフラーレン誘導体は、今後の基礎研究のすそ野が広がるという画期的な研究成果でもあるのだが、彼は、現代日本で基礎研究がいかに軽んじられているかを嘆いておられた。

「これはいったい何の役に立つんですか？」

研究費を捻出しようとしてスポンサーを探して歩くと、よくこう聞かれるという。利益を出せるかどうかが分からないと研究費用が捻出できないのだ。

この言葉を聞いて僕は、民主党政権時代の二〇〇九年に行われた「事業仕分け」を思い出した。これは、国家予算を見直し、無駄を明らかにするためのもので、いわゆるコストカットであった。文部科学省の予算仕分けで次世代スーパーコンピューター開発の予算削減をめぐって、要求予算の妥当性についての説明を求めた際、〝仕分け人〟である蓮舫議員が発した言葉が話題になった。

「世界一になる理由は何があるんでしょうか？　二位じゃだめなんでしょうか？」

スポーツでもなんでも、誰もが一番を目指して血のにじむ努力を続けている。そんなときに、「二番を目指せばいいいじゃないか」と言ったら、やる気はそがれ、その努力はすべて水泡に帰してしまう。競争意識が必要なのはスポーツだけではないのだ。

二番でもいいですよということを匂わす言葉は、挑戦し、考える意欲を失わせるに十分な言葉だ。ここにも、競争は良くないという不思議な、現在の、あるいは日本の無意識の伝統に根差す日本人的意識が存在している。

平等、公平という言葉に踊らされて、一時期の日本はおかしくなっていた。学校の運動会の徒競走などでは、順位を付けることをやめるといった馬鹿げた試みも行われた。競争意識のない社会は滅びる一方であることは間違いない。

競争意識をなくし、ナンバーワンではなくてオンリーワンであればいいと考える。それが日本と日本人をますます劣化させた大きな原因だろう。

事業仕分けでは、この次世代スーパーコンピューター開発科学技術のほかにも学術関連の予算が仕分けの対象となり、研究への補助金や国立大学の運営費など予算の削減、凍結が相次いだ。そうした状況に憤慨して、利根川進や江崎玲於奈などノーベル賞を受賞した六人の科学者が「事業仕分け結果は、科学技術に関わる人材を枯渇させ、取り返しのつかない状態を引き起こす」といった緊急声明を出したことも記憶に新しい。
その取り返しのつかない状態が、今やって来ているのだ。

◆自分の頭でしっかり考えよう

「学術的な知識や、製品や利益に直接結び付くことのない技術と理論の発見に関する研究活動。一般に時間と費用が掛かる」

『ブリタニカ国際大百科事典』で「基礎研究」を調べると、このように書かれている。基礎研究とは文字通り基礎だから、応用研究と違ってそれ自体が利益を生むということはない。しかし、その基礎研究の結果によって具体的な実験が始まり、そこから利益を生み出せるかどうかが決まっていくのだ。

お金にならないからといって、基礎研究がみんな消えてしまったら、満足な応用研究もできず、日本の科学技術は衰えていくに違いない。まさに負のスパイラルだ。即戦力にならない基礎研究をおろそかにする風潮は日本社会に蔓延している。

面白い話を聞いたことがある。

アメリカの国防省には「アセット・マネージメント」なる部門がある。そこにアンドリュー・マーシャルという九〇歳を超えた戦略を担当する人がいて、政権交代のたびに人材の入れ替わりが行われるアメリカにあって、この人は共和党政権であろうが、民主党政権であろうが変わらずそこにいる。

彼は、冷戦構造崩壊後、中国が台頭してきたときにどうするかということを研究していたそうだが、現実に今、中国は台頭しており、アンドリュー・マーシャルの研究は役立っていることだろう。それがアメリカの凄さ、懐の深さではないか。

日本でそういう人間を雇えると思うか？

おそらくノーだろう。きっと今の日本では、「そんな研究は無駄だからやめろ！」とか、「三食無駄飯を食わせる余裕はない！」などと言ってクビにしてしまうだろう。

しかし、今は役に立たない、無意味だと思うような基礎的な研究もいつか役に立つときが来るかもしれない。そのときのことを考えて研究を続け、知識を蓄積させることが大切なのだ。アメリカにそれができるのは、畢竟《ひっきょう》するに危機管理意識が徹底しているからだろう。

僕がここでなぜ基礎研究の重要性を説いたかというと、基礎研究＝考えることだと思うからだ。考えることは文科系の専門分野であるはずだが、理系において基礎研究が軽んじられている以上に、今は文科系そのものが軽んじられている。

文科省の『学習指導要領』には、「自分で考えることができる人間をつくる」などという意味の文言が書かれているが、具体的にどうしたらいいのかはまったく書かれていない。以前、国会図書館で、「〝考える〟ことについて書かれた文献があるのか調べてほしい」と依頼したことがあるが、返ってきた答えは「ない」という残念なひと言だった。

教育の中には、物事を「考える」というカリキュラムがなければならないはずだ。外国ではちゃんと自分の頭で判断させる教育をしているが、日本にはそれがなかった。今は知識を詰め込んでいるだけだ。知識は詰め込んだだけでは役には立たない。知識を頭の中で咀嚼して、人間関係や社会に役に立つ知恵として再構成しないといけない。それが本来の考えるということだ。

教育とは本来、自分で考えさせることが重要なのだ。そして、考えることは判断を迫られたときに役に立つのだ。しかし、今の日本人は疑うことをしないから自分の頭で考え、判断せず、鵜呑みにして安心してしまう。それでは知識は知恵にはならない。

これでは自分で考え、判断することができる人間など生まれてくるはずがない。自分自身の目で物事を見ることを考える人間がいなくなったのも仕方がない。

◆考えたあとで判断力を発揮すること

日本がこうなってしまったことに対する最終的な結論としては、戦後七〇年間にわたって判断できる人を育ててこなかったという点に行き着く。それは教育の責任であるということだ。ひと言で表現すれば、「判断力を鍛える教育の欠如」だと僕は思う。

敗戦後の一九四九年、日本人とは何か、日本とは何かを徹底的に問い続けてきた民俗学者の柳田國男氏は、ぼろぼろになってしまった日本人に何が必要かと問われたとき、こう答えている。

「小学校の下級生から判断力を磨いてやることが大切だ」

判断力の重要性をこの碩学はすぐさま喝破していたのだ。しかし、日本はその後の六十数年にわたって、判断力を磨く教育を無為に放置してきたのではないか。

何から何まで手取り足取りで、自分で自由に考え、判断する教育をしていない。平等という名の競争を排除する世界で、何事も過剰な指導から導き出されるもの……それは自分の目で物事を判断することができず、他人が何というかを見回し、付和雷同する人間が大量生産されているということだ。

付和雷同……日本では選挙などの際、よく特定の候補や党に人気が出ることを「風が吹いた」などという。日本人は風、あるいは空気に流されやすい。つまり、自分の意見で選ぶのではなく、みんなが入れる人に入れればいいと考えるのだ。

明治の思想家・中江兆民は明治政府を「多頭一身の怪物」と呼んだが、今の日本人はまさにこれではないか。体は一つなのに自分の考えはなく、あっちに行ったり、こっちに行ったりの、まさに「多頭一身人間」、いや、自分で考えることをしないのだから「無頭一身人間」かもしれない。

欧米諸国では、子どもが小さい頃から自分で選択し、判断する教育を心がけている。ヒントをあげるところまではいいとしても、小さな頃から何をしたらいいかを自分自身で考えさせ、判断させ、自分の責任で選択させる教育にしないことには、日本の再生はありえない。

歴史学者の磯田道史氏は『歴史の読み解き方 江戸期日本の危機管理に学ぶ』（朝日新書）という本の中で、薩摩藩の「郷中教育」を例として取り上げている。

郷中教育は武士道や忠孝、鍛錬などを説いているが、基本にあるのはまず第一に判断力を鍛えることである。

では、判断力を養うために何をするかというと、質問を投げかけて即答させるのだ。

たとえば、壁のそばを歩いていて、二階からつばを吐きかけられたらどうするか？

つばをかけた人間をつかまえてみっちりしごく、あるいは、自分はつばをかけられるようなことをしていないのだから気にせず歩いていく、などという答えが出るわけだ。それに対して先輩の武士が是非を告げる。
七、八歳の幼い頃からそういったやり方で判断力を養っていくのだ。もちろん、教養として『四書五経』を素読するが、そういった時間はできるだけ短くして、知識を取り入れたあとは、ロールプレイングゲームのようにいざというときにどうするかを考える。
実は僕は今、大学の危機管理の基礎に関する授業で学生たちに同様の教え方をしている。キャンパスで起こり得ることをできる限り挙げさせて、自分ならどうするかを考えさせている。

迷い猫が入ってきたらどうする？　イノシシが入ってきたらどうする？　酔っ払いが入ってきたらどうする？　刃物を持った人がやって来たらどうする？　ストーカーに付きまとわれるよう

になったらどうする？……。

そんなことはあり得ない、あり得ないことは起こらない、と思わされている人間が多いから、判断も決断もできない。それはそういう教育を受けてないからだ。

いざ何かが起きたとき、あなたはどうしますか？　という「シビル・ディフェンス」、いわゆる自警の思いが極端に薄れつつある。それは判断力を養う教育をされておらず、判断力以外の知識をつねに与えられてきたからだ。自警しようにも、その判断をしようがないのだ。

判断力を養う教育は、本来、小さい頃からやっておかないといけない。しかし、日本ではまったくやっていないからそういうことに慣れていない。他人から答えを教えてもらって暗記することには慣れているが、自分で考えるためには、一つの問題をきちんと自分自身がとらえないといけない。物事はそこから始まるのだ。

何事も相手の気持ちになって考える

◆誰もが当事者意識を持って考える

今の日本人に不足しているのは判断力であるのは間違いない。柳田國男氏が六〇年以上前に指摘していたにもかかわらず、自分自身で判断することをまったく教えてこなかった状況は残念というしかない。これをもう一度再生させていかないといけない。

そのためには日常の中で、どういうことが起きるのかを考えておかないといけない。

たとえば街中で頻繁に起きている窃盗やコンビニ強盗にしても、被害者や被害に遭った店のことを大変だなと思って終わりにするのではなく、自分にも起きると考えないといけない。

あるいは、二〇一五年一〇月二八日に宮崎市で起きた認知症の老人による車の暴走事故では男女七人が死傷したが、道路を走っているはずの車がいつ歩道に突っ込んで来るか分からない。そのときにどう対応するか？　最近でも同様の事故は起きている。

日本人はつねに第三者意識で当事者意識がない。自分が当事者となったときにどうやって対応するかをまったく想定していないのだ。

事故なら局所的なものだから自分には関係ないと思うかもしれない。だが、地震だったらどうだろう。大きな地震が起きたときにどう対応するか？

自分が今いる場所を出るのか出ないのか、どういうときに何を持って出るのか、出たらどこに行くのか、自分で問いかけてみない限り分からない。地震発生時に家にいる場合は考えているかもしれないが、出先だったときにどうするかまで考えている人は少ないだろう。

そのとき、自分はどうするのか？　どこに避難所があって、どの道は無事で、どの道はダメか？　それらをちゃんと頭の中に入れて、体に焼きつけておかない限り対応できない。それが一つの危機管理というものだ。

事故から始まって、地震や災害、犯罪、そして国のことまで考える……それらはすべて別々の事項ではなく一直線につながっているものだ。一直線だと思えば、選挙に行って国政に参加し、ひいては自分が国を良くしよう、選挙に出たいと考えるようになるかもしれない。いや、ならないといけない。

その意味で、知識を詰め込む教育ではなく、自分で考え、判断する能力を養う教育をしないといけない。その意味で、僭越ながら、僕がやっていることはばかりながら吉田松陰が松下村塾で実践したことの現代版のようなものかもしれない。違いは、吉田松陰は弟子に教えることができたが、僕は学生とともに一緒に学んでいる点だ。

学生は僕の話を聞いてポカンとしているが、そもそも問いかけられたことがないのだ。それでも、判断力を鍛えるために「恋愛と戦争にはルールがない」と教えたりするとみんな興味を持ってくれる。

だから、僕は学生に、答えを求めるのではなく、〝舞台設定〟を想定させる宿題を出している。どういう場面に出くわしたときにどうするかの〝場面〟を考えるのだ。自分の対処法より先に、何が起きるかを想定するのは想像力が試される事態であり、とても大事なことだ。

たとえば、繰り返しになるが、女子大生の前に刃物を持った人が現れたら？　目の前に銃器を持った人が現れたら？　という設定や、あるいはカフェで美人が声を掛けてきたら？　という設定でもいい。

これほど楽しい遊びはないはずだ。そんなことはあり得ないでしょうと思うかもしれないが、そう思った時点で思考停止に陥る。現れる可能性がどのくらいか分からないが、一〇〇パーセントではない。そうした訓練が想像力、そして判断力を養うと思いたい。

◆自分だったらどうするかを考える

情報収集、分析、判断、そういった危機管理の手法は企業人、大学生、大学教授、政治家……すべての人間に要求されている本質的な問題だ。しかし、この基本中の基本は置き去りにされ、ほとんどが外国文献の翻訳である危機管理、リスク管理の本を読んで知識を得るだけで、実際にはほとんど役に立たない。もちろん資格試験に合格するには必要なことであることは言うまでもない。

数学の基本は「一＋一＝二」だから、社会現象もそうなると思っているかもしれないが、リアルな世界ではそれは分からない。プラスαが重要なのだ。

だから、ああでもない、こうでもないと考えている僕のような人たちが必要なのだ。

自然災害だけでなく、人為的災害も日本では次々と起きているのが現実だ。戦争も日本は少ないけれど、元寇の役のように外国が襲って来たことも歴史上あったのだから、これからないとは言えない。あるに違いないと見るか、そういうものはないと見るか、二つに分かれる。日本の歴史上生起したことは、自然・人為を問わず必ず起きるとして想定しないといけない。

しかし、日本人に当事者意識はない。九・一一にしてもそうで、起きるときは起きるのだから、他山の石として考えなければいけない。選択のときは迫られているのだ。

事件、事故はもちろん、東芝の粉飾決算問題や二〇一五年秋に起きた「傾きマンション」の問題にしても、企業の不祥事、不正はなくなることはない。

潜在的危機、すなわち、リスクを未然に防ぐことを徹底的に考え、その対策を実施することは重要である。しかし、危機になった、すなわち、それらが起きたときにどうするのか？　想像力を働かせて、自分だったらどうするかを考えて欲しい。自分の頭で必死になって模索し、判断することが大切なのだ。


「文科省も教育機関も目先のお金になることしか考えない。みんな、〝お金を出すから、いついつまでに結果を出せ〟という形になってしまった。東さん、そんなことをやっていたら、絶対に日本は負ける」

笠間博士はそうおっしゃっていた。

◆ONE FOR ALL, ALL FOR ONE

危機管理でいえば、何度も言っているように、日本人は安全性のバイアスにとらわれているから、自分の身に危機は起きないと考えている。危機は起きないのだから危機管理について考える必要もないし、危機管理にお金を使おうなどとは考えない。

近年、ようやく企業では危機管理専門の人材を置くようになってきたが、十分活用できているとは思えない。

「食客」という中国の戦国時代に広まった風習がある。これは、貴族たちが才能のある人物を客として遇して養う代わりに、いざということが起きたときには自分に備わっている才能を生かし、世話になっている主人を助けることができる人物である。先ほど紹介したアンドリュー・マーシャルなどはまさに食客であり、基礎研究も危機管理も食客の仕事のようなものかもしれない。

僕も笠間博士も生きていくために最低限の生活をしないといけない。必死になってがんばっていると同時に、もう一方においては基礎研究、あるいは危機管理というつかみどころのない世界に挑んでいるのだ。

笠間博士もおっしゃっていたが、目先の利益にとらわれて刹那的になってはいけない。基礎研究にしても、危機管理にしても徹底的にやらなくては、いざというときに役に立たない。徹底的にやることが、最終的に日本にとってプラスになるのではないだろうか。

では、一人ひとりが考えることに興味を持ったあとにどうしたらいいか？

気の長い話だが、若者が政治に興味を持つ、国に対する危機意識を持って選挙に行く、一人ひとりが国を動かすだけのビジョンを持って政治に参加することが大事だと考える。

主義主張の違いはあれど、その主義主張をぶつけ合うことが大事なのだ。そうした意識を持って政治に参加し、その積み重ねの中で立派なリーダーが出てくることを期待している。

そういうリーダー意識は、おそらく権利主義的なものの中からは出てこない。義務意識から出てくるものだろう。自分だけが良ければいいというのではなく、自分が正しいと思うことを自分で決め、それを達成するために努力し、行動する。それが結果として他者のために行動することになる。それは人として生まれた以上、人に備わっている義務でもある。それが自利利他ということだと僕は思う。

しかし、今の世の中はみんな権利ばかり主張している。自分の権利のことばかり考えているから、少しうまくいかなくなると、「こんなに苦しんでいる自分を何とかしてほしい」となる。そうではなく、人として与えられた人生を何に生かすかを考えて欲しい。他人のために生きるというのは人としての務めであり、義務でもある。

一人ひとりが考えて行動し、みんなのために生きること……そう考えて生きる人間が一人でも多く増えることが、これからの日本に必要なのだ。

二〇一五年九月にイギリスで行われたラグビーワールドカップで、日本代表が歴史的快挙を成し遂げたことは記憶に新しい。

優勝候補の南アフリカを試合終了間際に逆転して撃破した初戦に続き、サモアやアメリカを破るなど一次リーグで三勝一敗の好成績を残した。勝ち点差により決勝トーナメント進出はならなかったものの、日本中に感動を呼び起こしただけでなく、国外からも称賛された。

そのラグビーにこういう合言葉がある。

「ＯＮＥ　ＦＯＲ　ＡＬＬ，ＡＬＬ　ＦＯＲ　ＯＮＥ（一人はみんなのために、みんなは一人のために）」

これはラグビーに限らず、チームスポーツの分野で広く言われている言葉でもある。日本人が大好きなスポーツ分野ではそう言われていて、みんな、その言葉に感銘を受けているのに、身の回りの社会では自分の権利ばかりを主張している。

完全に自分たちの生活とは途絶した社会として見ており、「ＯＮＥ　ＦＯＲ　ＡＬＬ，ＡＬＬ　ＦＯＲ　ＯＮＥ」の精神は根付いていないのだ。

それはラグビーワールドカップをめぐるマスコミ報道からも分かる。結局は、ヘッドコーチのエディー・ジョーンズや、一次リーグで二位となる五八得点を挙げた五郎丸歩に焦点を当てた報道ばかりだった。

この「ＯＮＥ　ＦＯＲ　ＡＬＬ，ＡＬＬ　ＦＯＲ　ＯＮＥ」の精神が、ごく普通の一般社会に根付くことが日本再生につながるのだ。

第八章　新たな日本の時代が、今始まる！

――危機管理官の誕生が日本を危機から救う

新しい危機管理のシステムが日本を救う

◆〝日本発の危機管理システム〟を構築

今、危機管理という言葉が日本で乱舞している。

しかし、話す人、聞く人によって危機の意味する内容は異なる。危機管理は英語の「クライシス・マネージメント（Crisis Management）」の訳で、他方、「リスク・マネージメント（Risk Management）」の訳も危機管理としている。

つまり、クライシスとリスクという二つの異なった概念を持つ単語に、一つの日本語を使っているところに混乱の原因がある。

僕は、クライシスを文字通り「危機」と訳し、その意味は起きた事態を放置すれば、国家の存立、国民の生存、生命を脅かす事態、すなわち、非常事態や緊急事態を表すものと意味づける。そして、リスクとは「潜在的危機」と訳し、危機になる可能性がある事象という意味で使用したい。

また、クライシス・マネージメントは事後対応に重点があり、リスク・マネージメントは事前対応に重点がある。この二つが相互に連関していることはお分かりいただけると思う。大事なのは、この連関を適切に機能させることである。

日本は欧米、特にアメリカに比して、明らかに事前対応型の国である。アメリカはクライシス・マネージメントの元祖であり、日本の多くの識者はアメリカ発の手法をそのまま日本に取り込んで、なんとかなると思っている方々が多いが、そう簡単ではない。国も、民族も、風土もまったく違う日本でアメリカの手法がそのまま通用するはずがない。それは木に竹を接ぐようなもので、日本では機能しない。

特に戦後七〇年間に積み上げられてきた自然災害型を中心とする事前対応型のリスク・マネージメントで、危急存亡の事態に対応することも不可能である。なぜならば、そこには、そもそも複雑に連鎖して起きる非常事態が想定されていないからである。

したがって、これからどうしても必要とされること、それがないと危機に対応することが不可能だと思われる要素を既存のシステムと衝突することなくシンクロ（＝一致）できるようにすること、つまり、日本の伝統と文化を踏まえた〝日本発の危機管理システム〟を構築することが必須となる。

極論すると、事前対応に執着しない欧米を見ていると、事後対応型で、出たとこ勝負の世界でもある。刑法においても、民法においても、起きたら徹底的に罰する世界だ。ところが日本の場合は、起きないように、起きないようにということで、起きたときにどうするかという努力、事後に対応する努力は過小評価される社会だ。

だから、日本では何かが起こったときに〝アフターレビュー（検証）〟……つまり、どこが良くて、どこが悪かったのかを検証しようとしない。

たとえば、三・一一の東日本大震災の際、助けてくれた米軍はしっかりとアフターレビューをしている。ひるがえって日本では、一部の省庁で行われた形跡はあるが、政府として本格的なアフターレビューをやった痕跡はない。

やらない理由は、関係者を非難することにつながるからかもしれない。その人に申し訳ないという感覚だが、諸外国においても状況は同じだ。アフターレビューは、関係者を罰する仕組みではなく、将来の糧として教訓として残すべきものだから、きちんと徹底的にやらなければ意味がない。

アフターレビューをすることなく、忘年会に浮かれて忘れてしまってはいけない。日本を良くするには、しっかりと記憶し、反省点を蓄積していかないといけないのだ。

◆急がれる「緊急権」の確立

僕は日本人の精神性の中に、危機管理における事前対応、事後対応の両方、そして、危機の対応には種々職務を異にする機関、人々がいて、職務や権限、管轄を越えて、あるいは行政区などの境界を越えて、一つの枠組みの中で協働できるように調整する人物が必要だということを組み込み、それが根付けば、これからの日本はうまくいくだろうと考えている。

そして、本当に大きな問題が起きたとき、事前対応よりも事後対応のほうが、将来に対処するという意味で絶対重要になってくるはずだ。事後対応を重要視して、とことん考え議論する――そうしたパラダイムシフトがこれからの時代に必要ではないか。

前述した新幹線での自殺問題にしても、結局、こういうことがあってはならないということを社会全体として求めたときに、自分に何ができるんだろうということを考える前に、どうしたらいいのかを他人任せにしてしまっている点がおかしいのだ。

それは事前対応の世界の究極でもある。

危機管理の世界で言えば、それがマニュアルである。

マニュアルを作るのはとてもいいことで、現実の問題が起きたとき、即座に動けるためにマニュアルは必要だ。ただ、マニュアルが想定している以上の問題が起きたとき、マニュアルに引きずられると犠牲が伴うことになる。

つまり、危機が起きたとき、その危機の現象を指導者がしっかり分析した上で的確に判断しないといけない。変化への適応能力が問われるわけだが、これはマニュアルでは教えてくれない世界だ。結局、そういう目を持たない人間がマニュアル通りにやろうとするから、被害を拡大させることになる。

それは東日本大震災の際の福島第一原発事故の経験で一目瞭然だ。

また、個別的に判断できる人間はいても、全体として判断を下せるリーダーがいないのも日本が抱える問題だ。

日本における危機管理の最大の弱点は、危機の際に誰が調整、統括、権限を行使するかという点が明示されていないところにある。事が起きたときに的確に対応できるリーダーをどう作ったらいいのかがポイントなのだ。そして、もう一つ、テクニカルな面になるが、いざマニュアルにないことが起きたときに誰が責任を持ってことに当たるか？　リーダーに全権委譲する考え方も反映されなければ意味がない。僕はそれを「緊急権」と呼んでいる。

前述したように、民間航空機がハイジャックされたときの判断がそれだ。

残念ながら、今の日本の法律には緊急権に相当するものはない。僕は三・一一の実体験を通して、日本には緊急権が必要だと身にしみて分かった。

災害対策基本法には、地方自治体で対応できない場合は地方自治体からの要請に基づいて国が動くと書かれている。国とは誰かというと、防衛大臣であったり、国交省大臣であったり、あるいは総理大臣であったりするが、具体的にこういうときに誰がどうするかはまったく書かれていない。

現地は現地で、副大臣、現地対策本部長、知事、警察、自衛官が入り混じって、誰が権限を持っているのか分からなくなって、結局、みんなで決めましょうとなる。福島第一原発の事故が典型的だが、何度も言うように、その後、事故原因を検証しようとしていない。「検証すべき」との声もうやむやの内に雲散霧消してしまい、蓄積されていかないのだ。そうした現状を打破するのは簡単ではないが、そこから始めるしかない。

◆リーダーに「緊急権」を委ねる

いずれにしても、危機管理システムの最大の肝は「決断」にある。

決断するためには情報がなくてはいけないし、それ以前に問題意識がないといけない。問題意識を持って情報を集め、危機を見極めた上で分析する。そして、分析を踏まえて取るべき道を選ぶ。その判断が決断である。そして、このことを十二分に理解しているリーダーに緊急権を託し、決断を委ねなければならない。

しかし、問題は、そのリーダーを選ぶ僕たち主権者にある。

戦後、僕たちはその決断の過程を、あるいは決断の技術を教えてもらわなかったし、教えられる人も少ないだろう。だから、決断が重要だと言いながら、決断するために必要な情報収集や分析、熟慮、選択の仕方をまったく知らない。同様に、決断には相応の覚悟が必要なことさえ知らない。

残念なことに、多くの日本人は想像力も欠如している。だから、危機がいかなるものか想像する力もなければ、決断がもたらす結果に対する想像力もない。

そこで直面する問題というのは、それぞれの部面において、どんなに努力をして、どんなにリスクを排除しようと訓練し、知見を高めても、結局、そうした事象が「複合的」に起きるということだ。つまり、事象を包括的に調整し、責任と権限を持って動ける体制を整えておかない限り、何の解決策にもならないのである。

危機（クライシス）が起きないようにするためには、潜在的危機（リスク）がどういうものであるかを徹底的に研究し、調査し、明確にして、そのための予防をしなければならない。そして、もし潜在的危機が発現したときには、できるだけ極小化する、減殺するという発想がある。危機が起きたときに、その分野を研究し、調査し、リスクを把握し、どうするかというシナリオ通りに起こった場合はそれで対処することができる。つまり、予測された対応の話だ。そして、起こった被害に対して、どういうふうに復旧させ、復興させるか、というサイクルを考えておけばいいかもしれない。

しかし、それはつねに、一つの分野、一つの部面における想定でしかない。別の問題が複合的に起こったときに複合的に扱える人間を育てていない以上、そこではどうしていいか分からないという空白期間、つまり、対応するための時間がかかる。だが、事前にそうした問題を組み込んだシステムを作ることができれば、それは素晴らしいことではないか。

よく「備えあれば憂いなし」と言われるが、原典である中国最古の歴史書『書経』にはその前段がある。

《これ事《こと》を事《こと》とする、乃《すなわ》ち其《そ》れ備え有り、備えあれば憂《うれ》い無し》

この前段がとりわけ重要で、《事を事とする》とは、するべきことをしておくことだ。つまり、危機を分析し、熟慮し、取るべき政策を選択し、判断し、措置することだ。と同時に最終的に決断する指導者＝リーダーを決めておくことだ。それがあるから備えができるわけで、憂いもなくなる。

◆新しい日本的危機管理のシステムとは？

危機管理とは『書経』にあるように、《事を事とする》から始まる。そして、危機管理とはすでにお分かりのように、単なるビジネス上のリスク管理ではない。日常生活はもちろん、国のありようから切っても切り離せない問題を扱う以上、究極の問題はやはり国、そして国民をどうやって守ったらいいのかということで、これ以外にテーマはない。

では、日本人には危機管理の処方箋をつくる力がないのか？

いや、ある。それはこれまで本書でさんざん述べてきた通りだ。

戦後の吉田茂首相（当時）にしても五〇年後、一〇〇年後の日本のために、命を賭してGHQのマッカーサー元帥との交渉をした。

それ以前の幕末、明治維新でも、大勢の偉人たちが将来の日本のために苦渋の決断を下した。

日本人にも長期的展望を持って国策を練る力はあるのだ。

さかのぼって吉田松陰にしても、彼が立派なのは、自分がやろうとしたことの〝果実〟を自分自身が得ようとは思っていなかった点にある。

たとえ勝てなくても自分たちで情報収集し、分析し、判断し、その上で決断して行動する！　困難な状況でも行動した人間がいることを後世に伝えれば、自分たちの屍《しかばね》を乗り越えてでも行動する人間が出てくるであろうことが、松陰には分かっていたに違いない。それこそがサムライの覚悟であったはずだ。

危機管理に欠かせない想像力

◆最大の課題は「危機管理官」の養成

ところが、今を生きる僕たちはどうであろうか。

ほとんどの人間は誰かのため、何のために生きるのかを考えていない。みんな刹那的だ。目先さえ良ければいい。己の生き様を見せた上で後世を考えることはない。しかも、自分の責任で判断することすらしない。逃げ腰、及び腰の人間ばかりだ。

僕が憂慮する危機感の源はそこにある。

大事なことは誰かが決断し、行動するのを期待するのではなく、自分が決断し、行動することだ。それができなければ、他の人に権限を委ねるべきだ。日本の伝統と文化を踏まえた上で、こういう危機管理の処方箋がある、こうやったらどうか……その処方箋を一日も早くつくらないといけない。

覚悟を持って日本ならではの危機管理の処方箋を考える。今がその時期である。

この機会を逃せば、日本が真に国家として、すなわち国際社会における義務と責任を果たす国家として目覚める日は永遠にこないかもしれない。そうならないためにも、今、問題意識を持って情報収集し、分析し、選択をして、決断した結果を最後までやり抜く覚悟をもって、事に当たらなければならないのだ。

危機管理の究極とは、基本的には統合と調整であり、日本の危機管理システムを構築するに当たっての最大の課題は「危機管理官」を養成することである。

ここで危機管理官とはどういう人物かを素描してみよう。

まず、危機管理とは、実務的に述べると、危機を減災（衝撃を低減、あるいは回避すること）し、準備し、対応し、復旧・復興するために、分析、計画、意思決定、利用可能な物的・財政的資源の配置をすることである。そして、アフターレビュー（検証）である。

身近な例で、単独の、そして小規模の火事を考えてみよう。

基本的に消防署は、関係者を通じて日頃から火事が起きないように（減災）努力している。そして、もし、火事が起きる場合に備えて、必要な装備、消防士の訓練（準備）をしている。火事が起きた場合には出動し、消火活動を行い（対応）、その後は後始末（復旧・復興）を行う。

この一連の危機管理をするために、各消防署は地域の状況を分析して種々の計画を実行し、種々の事態を想定しながら随時適した意思決定をし、そのために必要な人員を含む物的・財政的資源の配置を考えている。

その意味で、この場合の危機管理官は、火を消す消防士ではなく、各地域の消防署長である。

だが、僕がここで述べている危機管理官のイメージは、もっと大規模な、複合的・広域的な危機である。具体例としては、二〇〇一年九月一一日にアメリカで起きた同時多発テロ、二〇一一年三月一一日に起きた東日本大震災、二〇一五年一一月一三日にフランスで起きた同時多発テロなどのケースだ。

たとえば、東日本大震災の場合、地震・津波、火力発電所などの火災、そして、原子力発電所の事故が起きた。この非常事態全体を管理する、つまりマネージする責任者を危機管理官というのである。消防庁長官、警察庁長官、国土交通大臣、環境大臣などは、それぞれの専門分野の第一義的な実働機関の責任者であるが、僕の言う危機管理官でないことは分かっていただけるだろう。

日本には、一九九五年に起きた阪神・淡路大震災を教訓として、非常事態、すなわち危機に際して危機管理活動を効果的かつ効率的に実施するために、各省庁でいえば次官級の内閣危機管理監という総理直属の〝司令塔〟を創設した。

危機のとき、この危機管理監の下に二四時間態勢でおびただしい情報が瞬時に入ってくるようになった。これは画期的な進歩と言えよう。

◆日本ならではの危機管理手法の確立を

この危機管理監制度は本来、警察、消防、国土交通省、内閣府、その他各省庁の有する通常の職務や管轄、行政区の境界を越えて、国内で生起する自然災害のみならず、人為的災害を含むありとあらゆる危機への対応に必要なすべての機関、当局、利害関係者を一つの枠組みの中に統合し、調整するシステムである。

しかし、この指令塔の職務権限には、一つの明確な欠陥がある。原子力発電所の事故は入っていないのである。もちろん、現在も入っていない。だからこそ、福島第一原子力発電所の悲劇が起きたとも言える。

現在、原子力行政は文部科学省、経済産業省、環境省にまたがり、もし、また原発事故が起これば、どこが担当するのかも明確ではない。しかし、それでは福島第一原発のような事故が再び起きた場合に同じ過ちを繰り返してしまうことは否定できない。

原発に関する事故を、他の問題（危機）と切り離す理由はどこにあるのか。なぜ管理監の下で対応できないのか。これは現在の日本の危機管理の大きな課題の一つである。

いずれにしても、各省庁の縦割り行政に風穴を開け、地域、企業、自治体、省庁の垣根を取り払うと同時に、横断的な立場でメディアを含む専門家集団、実働機関、政府関係機関を調整・統合ができる、すなわちマネージ（管理）できる危機管理官が必要なのだ。

ふだんは何が起こるかさまざまなケースを想定し、繰り返し、繰り返しシミュレーションし、いざ、事が起きたときには冷静沈着に情報を集め、分析し、判断して指示を下せる人間、あるいはすべての最終責任者である総理大臣に決断の選択肢を提示する人間がいないといけない。

今の日本社会に求められているのは、企業や学校、自治体や省庁がそうした危機管理官の重要性に気づき、それぞれのレベルの課題に対応できる危機管理官を養成し、採用し、十分に働けるような環境をつくることだ。

その一方で、前述した緊急権、つまり、いざというときの権限と責任を明確にすることが重要だ。それがないために、誰が調整しているか分からなくなる。この流れを明確にすることが必要だ。

その際、当該の危機に対して、指揮・命令する人、すなわち、決断をする人を明確にすることと同時に、その決断が間違っている場合はそれに対して責任を取るという覚悟も必要である。

僕は特別難しいことを言っているわけではない。危機管理官と同じようなシステムは、実は身近なところにいくらでもある。たとえば、プロ野球のゼネラルマネジャー（ＧＭ）制度だ。プロ野球では現場とフロントを両方管理するＧＭが、責任を持って人材の配置や現場の体制に目を光らせている。

他の分野においてはそういうことが行われている。それがなぜ国民の命を守る世界、すなわち政治の世界だとそうならないのか。そこには本当の闇がある。

それが官僚制度という名の闇だ。

何度も繰り返し述べているように、それぞれが国益より省益、省益より課益という、小さなテリトリーの縄張り争いに終始している。戦後七〇年のいわゆる平和の中で、その平和を崩したくないという流れの中で生まれた副産物だ。それはあくまで平時の体制だ。

日本人はみな平和を崩したくないと思っているが、それはただ単に現状を崩したくないだけのことだ。平和の概念というのは現状維持に過ぎない。危機管理というのは非常時の体制だ。

したがって、平時だけではなく、非常時にも対応できる体制を、制度を構築しておくことが重要になる。

◆想像力が働いてこその危機管理

危機管理の分野においては、考えることは欠かすことのできない要素だ。いや、考えること、想像すること、判断することがメインであると言い換えたほうがいい。

たとえば、国土技術研究センターによれば、日本の国土は全世界のわずか〇・二八パーセントしかないにもかかわらず、全世界で起きたマグニチュード六以上の地震の二〇・五パーセントが日本で起こり、全世界の活火山の七パーセントが日本にある。しかも、全世界の災害で受けた被害金額の一一・九パーセントが日本のものなのだ。

自然災害の被害を受けている量が圧倒的に多い日本は、自然災害に対する備えは劣ることはない。ただ、問題は人と人、他国の人、他民族との接触は最も経験値が浅い部分だ。危機管理の観点から見た場合、自然災害だけではなく、人為災害に対してどうするかという問題が出てくる。それは経験値がないから無理で済ませていい問題ではない。

仮に無理であったとしても、人間であれば何が起きるかは想像できるはずだ。想像性であり、論理性であり、抽象論を踏まえて考えていかないといけない。それは自然科学の世界ではなくて文科系の仕事だ。ところが、現実には文科省の「文科系締め付け」が始まっている。

考える力を養うのは文科系である。「人間はいかに生きるべきか」は自然科学の世界では教えてくれない。それは基本的には思想であり、哲学であり、荻生徂徠が言うところの〝歴史〟である。歴史は積み重なってこそ歴史である。

自然を徹底的に究明する自然科学が重要であると同時に、自然とは別の人間の行為、行動、人間によって構成される組織、そこから起こる問題である。それに対して自然科学的な手法だけでなく、人間そのものに対して洞察を行う人間を育てていかなくてはならない。

そうした問題は考えてもなかなか結論は出てこない。だからこそ、思想が必要であり、哲学が必要なのだが、その思想は、それぞれの人たちが日常生活を通じて出てくるもの以外ありえない。だからこそ、僕らは考える力を養わなければいけないのだ。

ここで、歴史という観点から、古来、日本人が危機管理についてどう考えていたのかを理解する意味でも、危機管理にからんだ格言・名言を取り上げることで、日本人の危機意識を検討してみたい。

「安きにありて危うきを思う　思えばすなわち備えあり　備えあれば患えなし」（左丘明《さきゅうめい》）

順調なときだからこそつねに将来の危険を思い起こすべきだ、警戒心があるからこそ準備することができ、有事に備えて危機を避けることができるという平時における備えの重要性を説いた成語だ。「患え（憂い）なし」の前提として、まず、「安きにありて危うきを思う」とある。これがまさに防災や危機管理の心構えを表している。

「用心は無事なるうち」（江島其磧《えじまきせき》）

江戸中期の浮世草子作者の「浮世親仁形気」の中の言葉。用心は無事のときにすべきで、危ないときに用心しても後の祭りだという意味。

「禍いは、これを利用せよ。そして、進歩せよ。天災という言葉はマッ殺するようにならなければならぬ」

『白痴』『堕落論』などの作家・坂口安吾の言葉。

「思いもよらぬことは起こると思え」

日本式品質管理手法を確立した理学博士で、冒険家でもあった西堀榮三郎の言葉。

「豊かなるけふより、万々一の日の心がけいたすべく候」（莅戸義政）

江戸中期の米沢藩家老が領民に対し、日常時よりも非常時を想定して備えることを勧めた言葉。明治中期には自助が強調された。災難も自ら招いたものとする見方も示されるなか、関東大震災が起きたことで、備えの重要性に注意が喚起された。

◆残された時間は決して多くはない

かつて、人間存在と気候や地質、地形などの総称としての風土の関係に関心を寄せた哲学者の和辻哲郎氏は、風土の型として「モンスーン」「砂漠」「牧場」の三つに分け、日本をモンスーン域とした。そして、日本人の性格はモンスーン的であると結論付けた。

和辻哲郎氏によれば、モンスーン的とは受容的と忍性的という特殊な二重性格が加わっているという。その二重性格とは、大雨に象徴されるような単調な感情の横溢である「熱帯の要素」と、大雪に象徴される単調な感情の持久性である「寒帯の要素」の二つだ。

こうした風土の中で、「感情の高揚を非常に尊びながらも執拗を忌む」という日本的な気質が作りだされたと和辻哲郎氏は説く。台風のような猛烈さで突発的に感情の嵐が燃え上がったあとで、きれいにあきらめるということ、すなわち、依然として忍性的に転ずること。言い換えれば思い切りの良いこと、淡泊に忘れることが日本人には美徳になったのだ。

前述したように、古来、日本にはさまざまな格言があるのに、なぜ危機管理意識ができていないのか？

それはつまり、ほとんどの場合、自分のこととして考えていない、他人事として考える精神性と、もう一つ、和辻哲郎氏がいう〝風土〟だ。熱しやすく冷めやすい、感情の高揚は尊ぶけれど、あまり執着しないという、いわば淡泊な人間……これは世界に類を見ない。

しかし……ここではばかりながら一つ付け加えておくと、過去の碩学たちが追究した日本人の民族性も、今となってはお門違いではないかということだ。

日本人の民族性について語るとき、理由はよく分からないが、僕自身も日本人の精神性は農耕民族に由来しているという視点で見ることは多い。

しかし、本当にそうなのだろうか？

少なくとも僕自身は自分のことを農耕民族だとは思っていない。そもそも肉は大好きだし、どちらかと問われれば狩猟民族に近いと答える。

僕は昔から言いたいことを言っていた。中学のときなど、授業中にいろいろな質問をしていたら、「東、お前授業中に喋るな！　質問は禁ずる」などと言われたものだ。

昔、タンザニアに行ったとき、マサイの人たちと会った。

彼らはチームで役割分担して狩りに当たる。指揮官がいて、獲物のライオンをどういうふうに射止めるかプランを立てる。そして、ライオンを落とす穴を掘る人間、囃し立ててライオンを林から誘い出す人間、そして、穴に落ちたライオンに槍を刺す人間……というふうに決めていく。獲物の分け前はきちんとした成果主義で、仕事の難易度に従って食べる部位も決められる。

ところが、農耕民族はまったく違う。田植えから刈り取りまで、何から何まで集団行動だ。

確かに、かつて日本人の八五パーセントは農民だったが、現在の日本の基幹的農業従事者（ふだんの仕事が主に農業）は、一八六万人しかいない。一億二千万人のわずか二パーセントにも満たないのだ。そうした現状を鑑みると、もはや日本人が農耕民族であるという認識は幻想でしかない。果たして自分たちは農耕民族だと、今の日本人は言えるのか？

たとえば、最近、こういう話を聞いた。

糖尿病という生活習慣病がある。日本人にとってはとても身近な病気でもある。これは世界的に見ると肥満の人間に特有の病気だが、日本人の場合はやせているにもかかわらず、糖尿病を患っている人間が多い。

それはなぜか？　もともと日本人は穀物中心の食生活だったために血糖値が低く、血糖値を下げる働きを助けるインスリンの分泌量が少なかったのだ。しかし、戦後の日本人は急激に肉食中心になったことから血糖値が高くなったもののインスリンの分泌量が追いつかず、やせていても糖尿病を患う人間が増えたという。

日本人の食生活はもはや農耕民族のそれではないのだ。その意味で、日本人は民族自体がやせ型糖尿病を患っているようなものかもしれない。農耕民族という幻想に惑わされて、国として病気にかかって倒れる寸前……それが今の日本なのだとしたら、体質を改善しないと生きていけない。

少なくとも、僕、そして、僕の親も農耕民族ではない。

ほとんどの日本人がそうなのにもかかわらず、そこに甘えてしまっているのだ。人と違うことをするのが面倒だから、農耕民族のふりをしているだけなのだと思いたい。

新時代の日本を迎えるために

◆あなたが次代のリーダーになってほしい

日本人のメンタルがすでに農耕民族のものではないとしても、日本人が集団行動に向いているのは事実だ。要は、かつての農耕民族としての長所を踏まえつつ、新たなステージに一歩踏み出せばいいのではないだろうか。

そして、そこに必要なのはリーダーの存在であるが、リーダーは一人ではない。最終的に権限を持つリーダーは一人だとしても、さまざまな分野で突出したリーダーが必要なのだ。自分はこの分野なら誰にも負けないという人間だ。

そして、そのリーダーたちは緊急権を付与され、自分たちの判断で対応する。

日本の自然災害における危機管理体制が特異なのは、集団が主役であるということだ。それこそ「ONE FOR ALL, ALL FOR ONE」である。

国が何かやるとか、行政がやることに甘えるのではなく、集団の中でリーダーが物事を判断し、その判断に従ってみんな動き出していくのだ。

僕は、自然災害対策は七：二：一だと言っている。つまり、自助が七、共助（扶助）が二、公助が一なのだ。それはすごいことで、欧米の国はそれができない。

この七：二：一を成り立たせているのは何かというと、指導する人の存在だ。

基本的には土地勘と人脈と経験がある人と言っていい。だから、土砂災害が起こって国交省の人間がその地域に行って、それで誰を動かせばいいかという担当の人間も、人脈として知っている。さらにまた、その人たちが、その地域でどういう人たちがどういう形で働いているかも知っている。土地勘、人脈、経験ですべてが動くのだ。

アメリカのように、事件が起きたときに「俺がFBIだ」「トップは俺だ」と言ってやってきても、日本は動かない。その点で、役所の肩書だけではなく、地元の有力者、あの人がいるならという人望のある権力者、実力者を知っていることが重要だ。

前述した日本人の性格を考えると、日本人が最悪の事態に備える、という危機管理の原理・原則を自家薬篭中のものにするには、どれほどの努力と工夫が必要なのか測り知れない。しかし、こうした日本ならではの危機管理体制が自然災害のみならず、人為災害にも確立できるとすれば素晴らしいことではないか。

危機管理の点から言うならば、少なくとも、事前対応だけではなくて、事後対応の仕組みをしっかり作ることが大切なことだ。その仕組みの構成要素で一番必要なものは何かと言えば、いざというときにこの人に任せると事前に決めておくことだ。

つまりは、それが国のトップとしてのリーダーの存在である。

しっかりとした緊急権を整備し、いざというときには少数の命よりも大勢の人間の命を救うという苦渋の決断をためらわずに下せる人間、そしてその決断の結果に対して責任を取れる人間が必要なのだ。そうした人間＝リーダーが現れ、国民が彼、あるいは彼女を支えることができれば、日本はきっと素晴らしい国になると僕は考えている。

日本がまともな国、つまりは一人前の国家となるためには、日本人一人ひとりが「一頭一身人間」となってリーダーを支えることが理想なのだ。

◆「一頭一身人間」として生きる覚悟

日本人自身が農耕民族から新たなカテゴリーの民族へと変貌しているのに、その変貌した状況を認識せず、なおかつ変貌していることを認識しても、それに対応しようとする自分自身の知恵を見出すことができない。

知恵が必要なのに、それを見出すことを怠っているのだ。

今、自分たちが生きている周囲を見ても危機を認識することができず、また、以前とは全然状況が違うにもかかわらず、安全性のバイアスに惑わされて安住してしまっている。

生活を良くするために自分たちは何をしなければいけないかという、かつての農民が日々の生活の糧を得るために戦っていた気持ちは継承しながら、新しい生き方を選択しなければならないときに来ているのだ。

僕たちは、いつまでも農耕民族のままではいられないのだ——。

農耕民族と狩猟民族の優れた箇所を混合させ、危機管理で言えば事前対応型と事後対応型をハイブリッドさせる。その方法を日本人一人ひとりがとことんまで模索し、考え抜くことが求められているのではないだろうか。

何より大事なのは「一頭一身人間」として自分の頭で考え、判断し、行動することだ。

そのときには危機管理の手法が役立つはずである。周囲の空気に惑わされることなく、冷静に情報を精査し、分析し、判断することができるようになれば、おのずとどう行動すればいいかも見えてくる。

流されるまま惰性で過ごしてきた空虚な人生が、自分が考えることで豊かに変貌する。恋でもいい、勉強でもいい、仕事でもいい、何でもいい、惰性で過ごすより自分で道を切り開いていくほうが楽しいと分かることが重要なのだ。

自分で道を切り開いていけば、その過程でさまざまなことに興味が出てくるし、時には壁にぶつかることもあるだろう。興味を持ったことが出てくれば、それについてまた考えるし、壁にぶつかれば、壁を突き破ろうとしていろいろなことを考えるだろう。

そのときに蓄えた知識が役に立ち、同時に知識は知恵となって壁を突き破る役に立つことだろう。

そうやって一つひとつの壁を突き破っていくことが人間一人ひとりの成長につながる。自分なりの目標を高く掲げ、そこに向かって努力していく。努力を続け、苦難を乗り越えた末に成長することこそが人生の楽しみなのではないか。

しかし、それだけで終わってしまってはもったいない。その先にも道は続いている。

自分の楽しみ、喜びだけでなく、周囲の人間の幸せのために行動する。「自利利他」の言葉にあるように、自分のためだけに行動するのではなく、他の人の救済のために尽くすようになる。それが理想ではないのだろうか。

◆新時代の日本の夜明けを待つ

最後にもう一つ、「稲むらの火」の物語を引用しておく。

これは一八五四年（安政元年）に起きた安政南海地震の際、迫り来る津波から人々を救った紀州有田の庄屋・五兵衛の行動を描いた物語だ。

地震の巨大な揺れを感じた五兵衛は、海水が沖へ引いていくのを見て津波が来るに違いないと察知する。だが、そのとき、村人は祭りの準備に追われていた。困った五兵衛は村人たちに危険を知らせるため、自分の田に積まれていた、刈り取って間もない稲の束（稲むら）に松明で火を点けたのだ。

すると、村人は火事だと思って高台に集まった。その直後、村人たちの眼下で津波が村をなぎ倒したのだ。五兵衛の機転と刈ったばかりの稲を燃やすという犠牲的精神によって、大勢の村人たちは津波から救われたのだ。

この物語は一九三七年から一〇年間、国語教科書に掲載された。実はこのエピソードにはモデルがあり、ヤマサ醤油（当時は濱口儀兵衛家）の当主でもあった濱口梧陵の実話を元にしている。

濱口梧陵の実話を知った作家の小泉八雲（ラフカディオ・ハーン）が、「A living God（生き神様）」と題する小説の中で濱口梧陵をモデルに、〝生き神様〟として慕われる紀州有田の庄屋・浜口五兵衛の勇気ある行動を紹介したのだ。

実は梧陵は、この災害後も破損した橋の復旧に寄与したほか、将来再び襲来するであろう津波に備えて、当時では最大級といわれる堤防を四年の年月をかけて造り上げたのだ。しかも、その費用は四六六五両という莫大なものだったが、すべて梧陵が私財を投じた。

まさに〝生き神様〟そのものでないだろうか。

しかし、現代の日本人も、いざというときには気高い行動が取れるのだ。

安政南海地震から一五七年後に起きた東日本大震災。

その日、宮城県南三陸町にも大津波が押し寄せた。その際、市の防災対策庁舎二階にある危機管理課の防災放送担当職員・遠藤未希さんは放送室に駆け込み、防災無線のマイクを握り締めて、何度も何度も、こう放送したという。

「大きい津波がきています」

「早く、早く、早く高台に逃げてください」

山のような津波が目前に迫り来る中、遠藤未希さんはギリギリまで市民に向けて高台への避難をひたすら呼びかけ続けた。その直後、津波は三階建ての防災対策庁舎を超える規模で襲いかかり、屋上に避難した三〇名の職員の内、生き残ったのは一〇人だけだった。

その中に遠藤未希さんの姿はなかった。享年二四、秋には結婚を控えていたという。

彼女の命と引き換えの放送が功を奏し、南三陸町の人口約一万七〇〇〇人の内、半数近くが高台に避難して生き延びたそうだ。

現代の日本人の魂の奥底には、身の危険を省みず最後まで市民のために戦った彼女のように、崇高で誇り高い血が流れているのだ。願わくは緊急時には発揮される、その崇高で誇り高い魂を心の奥底に留まらせておかず、常日頃から表に出してほしい。そうすれば、現状維持で他力本願の情けない日本人は消えてなくなるはずだ。

今の自分たちが生きているのは遠藤未希さんも含めた、過去の日本人たちの尊い犠牲があったからなのだ。そう思えば、もっと大事に生きなければいけないと思うはずだ。

そして、何事も自分の頭で考え、判断し、行動できるようになってほしい。流されるまま日々を生きるより、絶対に楽しくて有意義な人生が送れるはずだ。もちろん、それ以上に自分と周囲の社会、ひいては日本という国の行く末にも興味が湧いてくるはずだ。

一人ひとりがもっと見識を広めて、国の行く末を案じるようになれば、他人に任せておけず、国の舵取りをやってみたいと考えるようになるだろう。自分はこの国をこうしたい、ああしたいというビジョンを持つ人間が一人でも増えて欲しい。

自分のビジョンを持つ者同士、喧々諤々意見をぶつけ合って、過去にとらわれることなくこの国の新しいあり方を考え、変えていく。そして、自ら進んで国政に参加して新しい時代へと舵取りをしていく。そんな若者たちが出現する日々がいつかはやって来るに違いない。

そうした時代が到来したときこそ、日本がようやく戦後体制から脱却できる日なのだ。

いつまでも、いつまでも「戦後〇〇年」と言っている時代ではない。

戦後は戦後として胸に刻むのは大事なことだが、それだけではいけない。過去ばかりを見るのではなく、ずっと先の未来を見ないといけないのだ。
いつか訪れるその日を、僕は今から楽しみにしている。

おわりに

◆安倍総理にエールを送る

まずは、本書を最後までお読みいただいたことに心から感謝を申し上げたい。

お読みになっていただいてお分かりになったことと思うが、ここまで僕は、危機管理の視点から今の日本人が現状維持と他力本願の塊と化して、一人の人間として自分の頭で考え、行動しなくなっているかを微に入り細にわたって説いてきた。それは一方において、種々の技術革新によって私たちの生活がより便利に効率的になった反面、そこに潜む危機（リスク）に鈍感になり、本来人間が動物として有している本能、すなわち〝もしかして〟という直感能力が衰退していることを意味している。

昨年は戦後七〇年目という節目の年であった。そして、今年で戦後七一年目となるが、新たな門出を迎えるために、僕は〝戦後〟をもう一度捉え直すべきだと思う。本質的な問題は、日本は戦後、自国の安全を他国（アメリカ）に依存してきたということである。この根っこは、戦後七年間の占領期間中にＧＨＱの指導のもとに、今日の日本の国家としての基礎が形づくられたことにある。その後、今日までの日本は、この根っこにこびりついていて、取り除かなければならない障害物、すなわち独立国家としての自前の建設を阻む要因をどう処理すればいいかという歴史と見ることができる。この歴史を直視することから、日本の真の〝巣立ち〟ができるかもしれない。

その一つの試金石となるのが、二〇一五年九月一九日に国会で可決された「安全保障関連法案」である。安保関連法案の可決によって、日本人はようやく戦後というゆりかごから出ることができたのだ。

その意味で、僕は安保法案を可決に導いた安倍晋三総理にエールを送りたい。

しかし、可決に至るまでのマスコミの報道、とくに朝日新聞、毎日新聞は安保法案反対一辺倒だった。もちろん、それも占領期間中のプレスコードの呪縛と思えば納得がいく。

彼らによれば、集団的自衛権の行使が日本国憲法の第九条に抵触しているとして、反対している人間は多いらしい。安保法案を「戦争法案」などと意味の通らない弾劾を行い、国会前でデモの人々の姿を何度も何度も報道していた。

この状況は、本文で述べたように戦後何度も見ている光景だ。日米安保条約改正の時、国連平和維持活動に参加する時、イラクに自衛隊が派遣される時、インド洋で海上自衛隊による米軍艦船への給油活動を行う時などがそれだ。

現憲法には法文上、どこを探しても自衛権の文字を見出すことはできない。もちろん、自衛隊の文字もない。

同様に、他国、あるいは外国の集団・組織から日本の平和、つまり僕たちの安全と生存が脅かされる、あるいは脅かされる可能性に対して国としてどのように対応するかについてもどこにも書かれていない。

憲法の前文には「日本国憲法は（中略）平和を愛する諸国民の公正と信義に信頼して、われらの安全と生存を保持しようと決意した」と書かれているのみだ。

今回の法案の主旨は、「日本の平和を守るために、私たちの安全と生存を確保するために、今日まで行使しないとしてきた集団的自衛権の行使を限定的にやります」というものだ。したがって、この法案に対して説得力のある反論を展開するには、「集団的自衛権の行使ではなく、こうすればいい」という代案を提示することが必要なはずだ。

しかし、何らの代案も示すことなく、ただ、憲法学者を国会に招致し、「この法案は違法です」という言質を梃にして反対しても、僕は違和感を覚える以外ない。

種々の意見を有する国民の代表である国会議員は、変転きわまりない国際情勢の変化と日本を取り囲む安全保障環境を考慮し、わが国の平和と安全、国民の安全と生存を守るためにどうすれば良いのかという、本来の〝言論の府〟の一員としての矜持を捨てないでいただきたいと思う。

また、招致され、意見を開陳された心ある憲法学者の想いは、「そもそも国の平和を守るためにどうすれば良いかという政策問題は、憲法学者として答えられる範疇にない。一個人としての意見を聞かれれば自分にもあるが、招致されて違憲か合憲かと問われたため、それに対しての意見を憲法学者としての職責として述べた」ということだろうと思う。

拙著『サムライ国家へ』で、内閣法制局が不当に安全保障政策に介入し、それを是としてきた日本の政治家の情けなさについては述べた。ぜひ参考にしていただきたい。

憲法は国家の基本法だ。この基本法を改正しないで解釈だけで今日まで維持してきたことは、異常といえば異常だ。とりわけ、先に述べたように、防衛に関しては条文として何も記述されていない。できるだけ早いうちに現在の日本の防衛、国際協力に関する条文を明記した憲法を持てるようにしたいと僕は心から望む。

そうすれば、防衛に関するポレミックス（論争）、つまり、「ああでもない、こうでもない」という不毛な議論に陥りやすい一つの典型的な例証である憲法解釈論争から脱却することができるだろう。

それでは、いつ憲法改正を行うのか？

言うまでもなく、憲法改正の発議をするためには国会議員の三分の二の賛成が必要である。「硬性憲法」と言われるゆえんである。つまり、憲法を変えることは難しいということだ。そこで、憲法改正を行うまでは憲法解釈の変更で対処することについてひと言述べておこう。

よく、「そこまでやるならば憲法解釈の変更ではなく、憲法改正せよ」と主張する人がいる。正しくはそう主張している国会議員がいると言ったほうが良いだろう。そう主張する議員の大半は、建て前として言っている人が多い。

法案に反対するため、今すぐ憲法改正ができないことを分かった上で「憲法改正をせよ」と言っているのである。本音ではないことが見え見えである。

与党と野党の議論がかみ合わなくなる場合の多くは、政策の議論をしている時に手続きの議論、つまり、「憲法解釈ではなく憲法改正だ」という議論が混入する時だ。しかし、問題は憲法改正するまでの間、何もしなくて良いのかということだ。

〝何が起きるか分からない。もしかして……〟

これが危機管理の要諦だ。だから、ありとあらゆることを可能な限り想像し、国民の安全と生存を確保するための防衛措置を考えておくことが必要なのは言うまでもない。

◆国際社会の一員としての義務と責任

安保関連法案——すでに可決しているので法案ではないが——を「戦争法案」などと呼ぶ人に僕は憤りを感じていた。

何をもって戦争法案などと呼ぶのか？　採決時期に各地で起きた騒動を見る限り、反対している人間のほうがよほど血気盛んで、攻撃的な人間に見えるのは僕だけだろうか。

安保関連法案は戦争法案なのではなく、日本の平和を維持するためにはどうすればいいのかという発想に基づく法案だ。

他方、安保関連法について語る時、キーワードは国際社会の一員としての義務と責任だ。こういうケースを考えてみてはいかがだろう——。

Aさんが暴漢に襲われてピンチに陥ったとき、仲のいいBさんが助けてくれた。次に、今度はBさんが襲われたとき、Aさんは見て見ぬふりをしていた。助けようとせずに高みの見物で、Bさんがけがをしたのを知って、とりあえずAさんは治療費を出した。

さて、あなたはそんなAさんをどう思うだろうか？

おそらくAさんの好感度は最低だろう。

こんなルールは国際社会で通用しない。いや、現実的にはそれが日本の姿なのだから通用しているのだが、それでは国際社会から仲間として本当に認められることはない。

だが、AさんとBさんの話なら納得できても、それを国際社会の話に置き換えて想像することを拒否しようとしていたのが日本人だ。

これからの世界ではそうはいかない。では、どうすればいいのか？

社会人類学者で女性として初めて文化勲章を受章した中根千枝氏は、戦略論の大家・岡崎久彦氏に「日本人というのは自由とか、民主主義を守るんですかね？」と聞かれて、次のように答えたという。

「そんなの無理に決まっているじゃない。日本人は抽象的、あるいは論理的なものに対して分からないのよ。しかし、もし、日本が皮膚感覚で、これは危ないな、襲われるなと思った時は、大丈夫よ、戦うから」

これは日本人全体のメンタリティーを表している名言だ。日本人は肌で感じないとなかなか理解することができない民族なのだ。

しかし、危機管理の角度から見ると、「気付いたときは行動する」と言っても無理がある。行動するためには準備していないとだめではないか。まして、日本みたいな小さな国であれば、準備しようとした瞬間にやられてしまう可能性もある。

平和や安全という問題に対しては、日本人はまったくモラトリアムなのだ。

ところが、火事に対して「火の用心」という、ある意味では憲法にも匹敵する、そういう標語がある。だからと言って、火事に対して準備しないかと言うと準備するはずだ。ところが、こと安全保障の問題となると準備しようとしない。

戦後GHQの洗脳がまだまだ解けていない多くの日本人は、これから起こり得る戦争について冷静に考えることを拒否しがちだ。だから、火事は火事、戦争は戦争というふうに別物だと思っているが、自分の身に迫る切実な問題として、そこは密接につながっていることを忘れてはならない。

僕自身の安全保障関連法についての意見ははっきりしている。

この法は、日本がこれからの世界で生き延びていくための試金石である。国際社会の中で日本の国、国民の命を守るために、最低限するべきことはしようではないかという、国益のための決断であり、国際社会で生きるための覚悟を持とうという決意なのだ。

その点で、集団的自衛権の行使と日本的危機管理は表裏一体をなすものだ。

法案の可決に反対する人は、当時、「この国を変えるんですか?」と叫んでいた。当たり前の話だ。今、この国を変えなくて、いつ変えるというのだ。

戦後七〇年間、今日までずるずると来てしまったことは今さら問うまい。日本は七〇年間もの長きにわたって日本と日本人を束縛した幻影を解き放ち、自分の頭で今こそ日本を変えなければならない、と決意すべきであろう。国際社会で日本が一人前となるため、サムライ国家として認められるため、つまり、国家・国民の平和と繁栄を追求していくためには変わらなければならないのだ。安全保障関連法の成立はその第一歩である。

二〇一六年二月

東　祥三

著者プロフィール

東 祥三（あずま しょうぞう）

1951年東京都新宿区生まれ。1975年創価大学経済学部卒業。日墨政府交換留学生としてメキシコ国立自治大学に留学。1983年創価大学大学院博士課程修了後、国連難民高等弁務官事務所（UNHCR）に勤務。1990年衆議院議員当選。細川内閣外務政務次官、第2次小渕内閣外務総括政務次官、菅内閣内閣府副大臣、衆議院安全保障常任委員会委員長などを歴任。2015年4月より千葉科学大学危機管理学部教授。主な著書に『イグアナに舌づつみ』（論創社）、『サムライ国家へ』（PHP研究所）など。

考えない病 危機管理の視点からみた日本人の劣化の根源

2016年 4 月10日 初版第 1 刷発行

著 者 東 祥三
発行者 瓜谷 綱延
発行所 株式会社文芸社
〒160-0022 東京都新宿区新宿1－10－1
電話 03-5369-3060（編集）
03-5369-2299（販売）

印刷所 株式会社暁印刷

ISBN978-4-286-16903-3